新書

若狭 勝
WAKASA Masaru

嘘の見抜き方

519

新潮社

はじめに　人は誰でも嘘をつく

検事としてたくさんの嘘を見てきた

私は一九八三年、東京地方検察庁に検事として任官した後、福島や横浜の地検、東京地検特捜部、同公安部などを渡り歩き、二十六年にわたって検事を務めてきました。二〇〇九年に退官してからは弁護士として刑事事件などに携わっています。

この長い検事生活の中では、数多くの被疑者や関係者の取調べを行い、様々な人間心理に触れてきました。

色恋・金・憎悪等に起因する殺人の心理、放火の心理、談合・贈収賄等の利得犯罪の心理、賭博・薬物犯罪の心理、共犯の心理、逃走の心理、犯人をかくまう心理、被害者の心理、遺族の心理、証人の心理……。

その一つに「嘘」の心理があります。

被疑者は自らの犯罪を隠すために嘘をついていないだろうか、関係者は事実を隠蔽《いんぺい》するために嘘をついていないだろうか、この証人は嘘の証言をしていないだろうか、被疑者はどのような嘘をついて被害者を騙《だま》したのだろうか……。

刑事・検事など捜査官にとって、嘘を見抜くことは極めて大事な職業能力と言えます。

私は、検事時代、数限りなく被疑者を取り調べました。もちろん、嘘を全て見抜くことができたわけではありません。解明できずに不起訴になった事案も沢山あるかと思います。それでも、自分が取り調べた被疑者を否認のまま起訴したことがないのを誇りに思っています。

いずれにしても、私は、検事時代から「真実と嘘のせめぎ合い」に多大な興味と関心を抱き、たくさんの嘘に接してきたのです。

そしてその経験から導き出されたのは「人は誰でも嘘をつく。嘘をつかない人はいない」ということです。

そして、「嘘をつく」というのは、悪事では決してなく、一定の人間心理によって引き起こされる「化学反応」のようなものだということが分かりました。

嘘が「化学反応」のようなものとすれば、観察や分析によってある程度「方程式」が見えてくるはずです。どうして嘘をついたのか、どういうときに嘘をつくのか、どのような人がどんな嘘をつくのか……私は嘘を沢山見ていくうちに、そうしたサンプルが数多く蓄積され、少しずつ方程式が見えてくるようになったのです。

また、嘘は複雑な心理や感情から生じるものです。たしかに、昆虫などが他の動物からの攻撃を受けないようカムフラージュとして身体を木の葉色等にする擬態もありますし、霊長類では仲間を騙すような行為に及ぶこともあるようです。とは言っても、こうした嘘の行為はやはり限定的です。嘘は繊細で複雑な感情から生まれる、まさに「人間の専売特許」なのです。

この世は嘘に満ちている

嘘を見抜く職業に就いている人を除けば、いつも誰かの嘘を疑いながら暮らしている人などさすがに少ないでしょう。身がもたないと思いますし、誰も信じられないのは寂しいことです。私自身も、「嘘をついているのでは?」という警戒心にスイッチが入ったときでなければ、人の言動に注意を払わないようにしています。

しかし、ここぞというときには、そうした嗅覚《きゅうかく》を呼び起こさなくてはいけません。

何かの交渉や取引をするとき、セールスの話を聞くとき、上司や部下などの説明を聞くとき、テレビ等で記者会見を聞くとき、恋人の話に違和感を感じたとき……こういうときには多かれ少なかれ嘘が入り込んでいることが少なくないのです。

ただし一般の方にとって、嘘を見抜くのはなかなか難しいことだと思います。

一つには、「嘘だったかどうかの答え合わせができない」こと。そして「嘘つきだと分かる相手にそれほど出会う機会がない」ことが理由でしょう。

検事は被疑者から話を聞くとき「これは嘘かな?」「これは本当かな?」と嗅覚を働かせながら話を聞きますが、これだけでは嘘を見抜く力は身につきません。綿密な捜査や裁判の末、真相が明らかになり、結局相手は嘘をついていたかどうかが分かって、初めて「答え合わせ」ができるのです。

また検事という仕事は、毎日ひっきりなしにやってくる「疑わしき人」の言い分を聞き、嘘をついているかどうかを見抜くというものです。自然と「嘘のサンプル」はたまっていきます。その膨大な事例を元に自分の取調方法を検証したり、心理学などを勉強したり、そんな生活を二十六年続けて、ようやく「嘘を見抜く技術」が培われていったように思います。

しかし一般の方は「答え合わせ」もできなければ、きちんとした「嘘のサンプル」も持っていない。ただの主観や直感だけで嘘かどうかを見抜こうとしている人が非常に多いのです。嘘に満ちたこの世では、あまりに心もとない状況です。

そこで私の「嘘の研究」をここで披露させていただきます。私の長年の経験と技術が、少しでも皆さんのお役に立てば幸いです。

嘘の見抜き方　目次

第1章　人が嘘をつく四つの理由

「嘘」とはどういうものか。人はなぜ「嘘」をつくのか。

まずはこれを考えてみたいと思います。

嘘とは「真実でないことを表現すること」ですが、どうも私たちは悪いイメージを抱きがちです。しかし嘘が言えないと困る場面もあれば、ついつい嘘をついてしまう事態もあります。

常識のある大人であれば、つまらないものをプレゼントされても「ありがとう！　ちょうど欲しかった」などと言うでしょう。こうした相手を思いやるための言葉も、本心を告げていないという点では嘘になります。

「好きな人はいますか」と尋ねられたときも、正直に「はい」と答えることはなかなか難しい。芸能人でなくても、「いえ、いません」などと答えてしまうでしょう。

このように、嘘には様々な動機がある。「相手を騙そう」「相手を陥《おとし》れよう」という悪意ばかりではありません。

その嘘は誰のための嘘か

私は検事経験を通じて、実にたくさんの嘘に接してきました。ほとんどの被疑者は多かれ少なかれ嘘をつき、供述は大きな嘘小さな嘘に満ち溢れています。取調べは、まさに嘘と向き合い、嘘を見抜き、真実をあぶり出す作業なのです。

嘘を「真実でないことを表現すること」とするなら、その内容や理由は実に様々ですが、長年取調べを続けていく中で、膨大な嘘のサンプルがたまっていくことにより、徐々に嘘のパターンが見えてきました。

まず、自覚的に嘘をついているか、無自覚に嘘をついているか、に分けられます。

「嘘の研究」というと、どうしても前者に意識が向きがちで、後者はあまり知られていない。しかし人は自分でも気づかぬうちに嘘をついていることがあります。「無自覚の嘘」は第8章で詳しく解説するとします。
自覚的に嘘をつく場合、そのパターンは大きく四つに分けられるように思います。
ポイントは「誰のためにつく嘘か」、そして「何のためにつく嘘か」ということです。

①自分を守ろうとする「防御の嘘」
②自分を大きく見せようとする「背伸びの嘘」
③他人を陥れるための「欺瞞の嘘」
④他人を守るための「擁護の嘘」

大まかに言えば、最初の①②③は「自分のためにつく嘘」であり、④は「人のためにつく嘘」です。また、①②③はそれぞれ目的が異なり、悪質性は少しずつ増しています。

一つずつこのパターンを見ていきましょう。

自分を守ろうとする「防御の嘘」

多くの動物には、攻撃を受けると無意識に防御の構えをとる「防御本能」が備わっています。たとえば草食動物は、その後方でざわざわと物音がしただけで、敵からの攻撃とみなして、一斉に逃げ出すなどの過剰反応を見せます。過剰反応するからこそ生き延びられるのです。

人間も動物の一種です。捜査官からの質問は、自分への攻撃や不穏な動きとみなし、自己防衛的な反応をするのは当然です。

ただし人間が恐れているもの、逃れたいものは他の動物よりはるかに複雑です。処罰されたくない、仕事を失いたくない、信用や地位を落としたくない、お金を失いたくない、家族を失いたくない、怒られたくない……。

そう思って「防御本能」のように出てしまうのが**「自分を守ろうとする嘘」**、つまり**「防御の嘘」**なのです。**「本能の嘘」**とも言えるでしょう。

この「自分を守ろうとする嘘」は日常にあふれかえっています。

自分のミスをそのまま認めてしまえば、上司から怒られ、評価を下げられてしまうかもしれない。そこで会社員というのはつい他の社員に責任転嫁をしたり、自分のミスを否定したりします。

浮気した夫は、妻から深夜帰宅の理由を追及されても、「残業だった」「同僚たちと飲み歩いていた」などとごまかすしかありません。もし浮気を認めれば、夫婦関係は破綻し、離婚ともなれば多額の慰謝料を請求されてしまうからです。

防衛本能からの嘘を非難してはいけない

私はこのような嘘を、昔から**「心のまばたき」**と呼んでいました。

もし自分の顔をめがけて火の粉が飛んでくれば、人は思わず目をつぶる。目を危険から保護するための本能的な仕草です。物体が眼球に飛んでくるのに、「どうしてまばたきするんだ」と叱ることはできません。本能を非難することはできないのです。

これと同様に、被疑者・被告人は、迫り来る「処罰」という火の粉を避けるため、本能的に嘘をつきます。

犯罪を起こした犯人が犯罪の事実を話せば、当然ながら処罰が待っています。私の経験に照らしても、真実を話せば話すほど犯罪事実は明らかになり、ほとんどの場合はより重罰に向かいます。「真実を話したことで反省の情が考慮される」と言われていますが、重大犯罪であればその程度は微々たるもの。仮に直《す》ぐにバレる嘘だと分かっていても、嘘がバレずに処罰が少しでも軽くなる可能性に賭けたい。

自己防衛として、真実を覆い隠し、隠蔽し、ごまかすのはある意味必然なのです。だから、仮に被疑者が犯罪事実を否認しても、決して怒ってはいけないというのが私の持論です。いくら証拠があり、犯罪が明々白々であっても、被疑者が否認するのは本能に基づくもの。本能による行為を怒ってもだめだと思っているからです。

しかし嘘は悪意や心の弱さから来ると思われがちです。そのため、よくテレビドラマなどでは、刑事や検事が「嘘をつくな！」「本当のことを話せ！」と怒鳴っているでしょう。

でもこれは正直酷な話です。防御本能としての嘘は、なかなか理性や道徳心で制御できるものではないからです。怒られれば怒られるほど被疑者の防御本能は強まり、心を閉ざしたままで、真実が語られる機会は失われてしまう。

嘘をつく被疑者に真実を語らせるにはどうしたらいいのかは第7章で詳しく述べますが、嘘は本能と密接に結びついているという大前提をぜひ知っておいてください。

私自身は、「嘘をつかない被疑者はいない」と思っています。程度の差こそあれ、皆必ず嘘をつきます。前述のとおり、理性や道徳心で制御できるものではなく、たとえ検事や裁判官など、嘘に対して潔癖であることが求められる職業の人間であっても、本能には抗《あらが》えないのです。

大阪地方検察庁特捜部の元部長及び元副部長が、証拠隠滅をした部下の検事をかばったとして犯人隠避罪に問われた事件は、判決で元部長及び元副部長の嘘が認定されました。この事件をめぐっては「検察が嘘をつくなんて……」という批判が相次ぎましたが、私からすると、検事だって人間ですし、自分を守るために嘘をついてしまうものです。

自らにやましい部分があり、その疑いをかけられたとき、真実を全てありのままに話すことができる人はまずいない。

これが私の信念であり、経験則でもあります。私が被疑者になってもそうでしょう。人間心理を超越した聖人であれば話は別ですが、犯罪の疑いをかけられるような俗人であれば、嘘から逃れることはできないのです。

自分を大きく見せようとする「背伸びの嘘」

一つ目が「防御の嘘」だとすれば、二つ目に挙げるのは**「背伸びの嘘」**です。「虚栄の嘘」と言い換えることもできるでしょう。

キレイに見せたい、能力を示したい、注目されたい、社会的地位を得たい……。そんな「自分を少しでもよく見せたい」という見栄からついてしまう嘘のことです。

この手の嘘は社会にはびこっています。業務報告書、プレゼン資料、広告、政治家の演説、セールストーク、SNSのプロフィール……。社会に大きな迷惑をかけるようであれば取り締まる法律もありますが、その多くは嘘のまま放置されています。

この嘘と向き合う上で重要なのは、**「プライド」**と**「恥」**です。この「背伸び」の嘘は、**プライドと恥が動機となって生み出される**ことが多い。**プライドが高い人は、そのプライドを守るため**に嘘をつき、**恥を恐れる人はそれが明るみに出ないよう**に嘘をつきます。

そして、「どこにプライドを持っているのか」「何を恥ずかしいと思うのか」は、実に人それぞれです。私が長年取調べをする中で、ときに驚き、ときに苦労した理由は、この多様性にありました。

プライドというのはお化けみたいなものです。時と場所、相手によって様々に変化します。何にプライドを持っているか、どれだけ強くプライドを持っているかは人によってかなり幅があり、他人には理解できないことも多い。プライドが生成されるには、それぞれの出身や生育環境、学歴、経歴、価値観や思想が影響するからです。

プライドと恥の多様性を理解する

一つ、興味深い例を紹介しましょう。

ある男性が交際相手の女性を殺してしまった事件がありました。殺害状況としてはそれほど特異なものではなく、言い合いの末にカッとなって殺してしまったというもの。本人もその点は素直に認めていました。

ただし、彼が頑《かたく》なに否定することがありました。

それは交際前に彼女の職業を知っていたかどうか。実は彼女はソープランドに勤めていた女性でした。こちらの調べでは、被疑者は彼女がソープ嬢だと知った上で交際を始めた、となっていました。

ところが彼はこれを絶対に認めようとしない。「ソープ嬢だと分かったのは付き合った後だ」と主張するのです。

もちろん取り調べる側が、それをからかったり咎《とが》めたり、などということは一切ありません。それでもあくまで彼の価値基準では、「ソープ嬢と知ってて付き合った」というのはどうしても認められない事実だったのでしょう。

「人を殺した」という事実は簡単に認めたのに、「ソープ嬢と知ってて付き合った」という事実は認められない。プライドというのは、本当に複雑なものだと思ったものです。

読者の中には、「そんな細かいことはどうでもいいじゃないか」と思われる方がいるかもしれません。しかし、犯罪の事実を認定したり、動機を検証したり、嘘を見抜いたりする過程の中では、こういった細部にこそ本質が宿るものです。

かつて私が扱った事件の中にも、「恥をさらしたくない」という気持ちが起こした殺人事件がありました。

それは、ラブホテルで男性が交際相手の女性を殺してしまったというもの。やはり男性は殺害の事実こそ認めるものの、動機がなかなか分からなかった。

真実は思いがけないものでした。実は彼は先天性梅毒で、他人に感染させてしまうことを恐れ、人との接触を極力避ける生活を続けていました。街で献血車を見るとそれを避けて通るほどだったそうです。

そんな彼にも中年になってようやく交際相手ができました。それでも相手に先天性梅毒の話は打ち明けられず、性行為では感染させてしまうと考え、一緒にお風呂に入るといった感染の可能性のない行為を続けていました。

ところがあるとき、お風呂の中で、彼女がふと「うつる」という言葉を発したというのです。

必死で病気を隠し、人一倍その言葉に敏感になっていた彼は、その瞬間全てバレたと思ったそうです。この関係はもう終わりだ、病気も世間にバレてしまう――頭に血が上った彼は、病気を隠し通し、自らのプライドを維持し続けるため、彼女のことを思わず殺してしまったのです。

この事件を振り返るたび、人の心理というのはなかなか他人に理解しがたく、根が深いものだと実感します。他人からすれば、取るに足らないこと、大したことでないことでも、本人にとっては絶対に認められないこと、隠しておきたいことがある。そしてそれが嘘を生むのです。嘘と向き合うには、**人それぞれに複雑な感情を抱えていることを知らなくてはならない**ということです。

他人を陥れるための「欺瞞の嘘」

三つ目の分類は**「他人を陥れるため」**ための嘘、つまり**「欺瞞の嘘」**です。
①と②の嘘が「思わず」「ついつい」ついてしまう嘘ならば、この③の嘘は確信を持ってついた嘘ということになるでしょう。
「相手を陥れよう」と思ってつく嘘は、ある意味では特殊な嘘とも言えます。普通の日常を送っている方であれば、めったに接しない嘘かもしれません。理性や道徳心を自ら意識的に壊さなければつけない嘘だからです。

この手の嘘は相手を騙すためにあるわけで、**相手の弱点や時代の変化によって狡猾にその手口を変えます**。

最もそれが顕著なのは「詐欺」でしょう。

特に「振り込め詐欺」の手口は、日本の社会状況と表裏一体であるとも言えます。携帯電話や銀行ＡＴＭの普及、高齢者の単身世帯の増加……このような現状を背景に、「オレオレ詐欺」「なりすまし詐欺」「架空請求」など様々な手口が生まれました。

その他にも、インターネットの発展にともなって「ワンクリック詐欺」「オークション詐欺」「フィッシング詐欺」が生み出されていますし、震災時には「義援金詐欺」まで発生しました。

そこには、相手から自分を守りたい、相手に自分をよく見せたいという、ある意味「人間らしい」心理はありません。純粋に相手のことを騙そうという心理が働いている。これまでの嘘が心の動きから発生するものであるなら、この③の嘘は心を動かされることなく、単純に利益や我欲を優先したものといえます。

電話やネット通信などで、直接顔を合わせないですむようになった今、このように心が壊れた人間による嘘はさらに蔓延しやすくなっていると言えます。

犯罪者の悪質性が言及されるとき、殺人犯や暴行犯は悪質性が高く、反対に詐欺は比較的軽微であるようによく言われています。もちろん殺人や暴行は重罪ですが、「嘘」という観点で見ると、詐欺犯のほうが「心は壊れている」とも言えます。

というのも、殺人犯や暴行犯は意外と取調べにも素直に応じ、真実を話し、反省を見せる傾向にありますが、詐欺犯の供述というのは徹頭徹尾嘘だらけ。こちらが何を言っても動じず、罪悪感を感じている人が少ないのです。事実、取調べには本当に苦労します。

他人を守るための「擁護の嘘」

①②③があくまで自分のためにつく嘘ならば、この④の嘘は**「他人のためにつく嘘」**です。

①の「防御」と似たような心の動きですが、他の人間や組織を「守りたい」「かばいたい」という心理を考えると、**「擁護の嘘」**といったほうが正確かもしれません。

嘘を見抜く上でも、この嘘は区別して考えるべきでしょう。

自分を守ろうというのは本能的な行動ですが、一方で他人や組織をかばうという行為は非常に理性的な行動です。多くの場合、その嘘によって自分のほうが不利益を被《こうむ》ったり、立場が危うくなったり、罪に問われたりする。それにもかかわらず、嘘をつくというのは強い意志や目的が必要だからです。

もちろん、日常生活でも、愛情から家族や友人、配下の者をかばうということはあるでしょう。気遣いや思いやりによる嘘もあります。その嘘の仕組みや内容は、ごくシンプルで単純なもので、単なる良心や思いやりからくるものだと思います。

しかし私が検事時代、取調中に苦労した「擁護の嘘」は、そういった良心や思いやりで動くものだけではありませんでした。

典型的なのは、政治家のために秘書が罪をかぶる、経営陣のために平社員が責任をとる、組織のために下っ端が犠牲になるなどのケースでしょう。重要人物や巨大組織を守るため、その下にいる人間が犠牲になります。ときに虚偽を述べて事実を覆い隠し、ときに自分が不利な立場に追いやられても耐える。

この嘘を強いる原動力は、下の人間の嘘によって**かばわれることとなった人（組織）の力の大きさ**です。

とりわけ私がかつていた特捜部は、企業の組織犯罪や政治家の汚職事件など、大規模で社会に大きな影響を与えるような事件を多く扱っていました。もし犯罪が認定されれば、企業の存続や政治家の政治生命までもが脅かされ、すさまじい影響や計り知れないダメージを周囲に与えることになります。

だからこそ関係者は必死で嘘をつき、その犯罪を隠そうとしました。たとえ誰かを犠牲にしても、嘘をつかせて罪を引き受けさせようとするのです。

普通のおじさんがスーパーで万引きをした、というような事件では、こうした「擁護の嘘」は生まれません。必然性、必要性があって初めて生まれる嘘だと言えるかもしれません。

人間関係の嘘はなかなか崩れない

こうした理性的な嘘は、崩すのがなかなか難しい。

たとえば、よくあるのがゼネコンと政治家の汚職事件です。

こうした組織事件は関係者が多く、経緯や関係も複雑なので、一斉に捜査することはできない。どうしても取調べには時間がかかってしまいます。

他方、事件の関係者たちは、取調期間中は連日のように対策会議を開いています。誰が何を聞かれたか。それを取りまとめ、特捜部の狙いを探り、弁護士と対策を練る。「このポイントをしつこく聞かれた」「この言い方は避けたほうがいい」「きっと今後こういう質問が来るだろう」などと話し合っているのです。

だからいくら詳細な取調べをしても、翌日になると「昨日言ったことは勘違いでした」「そんなこと言っていませんよ」などと、供述がひっくり返ってしまったり、趣旨が違うと言い始めたりすることが多々ありました。

この手の嘘は、供述内容だけを追っても理解できません。**その組織や重要人物をとりまく人間関係や利害関係、権力の構図**などを理解できて、初めて全容がつかめるというものです。

もし皆さんもこのような嘘の介在を感じ取ったら、そして不利益を被っているなら、多少踏み込んででも、人間関係や利害関係を洗い出したほうがよいでしょう。

あくまで私の経験則ですが、大まかに言って嘘はこのように四パターンに分類されます。

ただし、現実にはこの四パターンが混じりあうことが少なくありません。相手を騙すために平気で嘘をついていた人や、組織のために緻密な嘘をつく人でも、いざ取調べの段になるととっさに「防御の嘘」をついてしまうというようなことが多々あるからです。

また、我々のように嘘を見抜く人間が注意すべきは、本人も嘘をついたことに気づかない「無自覚の嘘」や、大した理由のない「意図なき嘘」もあるということです（第8章で詳しくご説明します）。その場を楽しませる冗談やドッキリなどの「遊びの嘘」、説明が面倒なときに使われる「省略の嘘」なんてものもあります。

嘘をついたからと言って、相手を悪人だと決めつけるのではなく、その発言にともなう真意や状況を見極める必要があるでしょう。

【第1章　人が嘘をつく四つの理由】

・人が嘘をつく理由は、「誰のためにつく嘘か」「何のためにつく嘘か」で大きく四パターンに分けられる。
・自分を守ろうとする「防御の嘘」は防衛本能の表れなので、責めることはできない。
・自分を大きく見せようとする「背伸びの嘘」は、プライドや恥をどこに感じるかで変わる。
・他人を陥れるための「欺瞞の嘘」は、相手の弱点や時代の変化に応じて手口を変える。
・他人を守るための「擁護の嘘」は、人間関係や利害関係、権力構造などが左右する。

第2章　嘘を見抜くための心得

「嘘」というものがどんな性質かが分かってきたところで、この章ではそれをいかにして見抜くかを考えていきます。

前章で述べたとおり、人は様々な事由で色々な嘘をつく生き物です。自己防衛のためにとっさについた嘘もあれば、悪質で利己的な嘘もあれば、大切なものをかばうための嘘もあります。

とはいえ、嘘は嘘。それは「事実とは異なる」ものです。

私が二十六年間務めてきた検事は、被疑者や関係者を取り調べ、事実をあぶり出す仕事です。嘘をつく理由がどうであれ、嘘を見抜かなければ、事実を取り違え、物事の判断を誤ってしまいます。そのため誰もが必死で嘘を見抜く技術を身につけます。

本書ではその技術の一端をご紹介しますが、その前にまず**嘘を見抜くにあたっての心得や前提**をお話しします。

嘘を解体するステップ

嘘を見抜くという行為を、私は**「嘘の解体」**と呼んでいます。

神のごとく世界で起こる全てのことを見下ろしていない限り、嘘を嘘と認定するのは非常に難しいことです。即座に断定する、感情だけで判断する、などというやり方では通用しません。きちんと段階を追い、適切な手順で進めなくては、嘘を見抜くことはできません。

私は、「①嘘に勘づく→②嘘を確かめる→③嘘を断定する」という三段階で嘘を解体していきます。

①の「嘘に勘づく」というのは、「今の話は嘘ではないかな」と、嘘に勘づく・気づくという段階です。

そこで②の「嘘を確かめる」段階に入ります。ある程度、相手の言動が嘘だと疑い、それを前提としながら確認を続けていきます。

③の「嘘を断定する」というのは、相手が嘘をついたことを認めたり、紛れもなく嘘だということが判明したりして、嘘が揺るがない状態となる段階です。

たいていの日常生活上は、①②の段階ができれば十分でしょう。嘘に気づくことで事実をできるだけ正しく認識し、騙されるリスクを減らすことが大切であり、あえて相手を追い詰める必要はありません。

しかし時には③の段階のように嘘をきちんと断定し、真実を明らかにしなくてはいけないこともあるでしょう。犯罪やトラブルに巻き込まれたり、職場で不祥事や問題が起きたり、裁判や交渉の場に出なくてはいけなくなったり……。自らの力で相手の嘘を見抜き、それを明示しなくてはならない場面は、どんな人の身にも突然訪れるものです。

段階的に変化する嘘

嘘のつき方にも、いくつかの段階があります。

たとえば、「ゼネコンが政治家に賄賂を渡し、便宜を図ってもらった」という事件があったとします。

最も原始的な段階の嘘は「完全否定」です。つまり「賄賂を渡した」という事実そのものを否定するのです。これは、犯人が「私はやっていません。まったく知りません」というのに近い。

しかし証拠や証言などがあり、どうしても完全否定が難しいと判断されると、徐々に嘘のレベルを下げていきます。「お金を渡した」という事実を覆《くつがえ》せないのであれば、「たしかにお金は渡したが、それは賄賂ではない」という嘘をつく。お金を渡したことの理由をごまかすのです。

それすら難しく、「賄賂を渡した」という事実が覆らない場合は、被害を最小限にすべく、関与者を少数のかつ下の人間に限定しようとします。「賄賂は一人の秘書に渡しただけで、政治家は知らなかった」「現場担当者だけでやったことで、経営陣は把握していない」という類《たぐい》の嘘です。

このように、**明るみに出てしまった要素が多くなるに従って、嘘の「範囲」や「つき方」も変わってきます。**嘘を「解体」するときには、**すでにバレていることは何なのか、**

隠そうとしている事実は何なのかを整理しながら嘘を見抜いていく必要があります。

また、この手の嘘は、重要な事実を隠すために緻密に構築されているので、一つの事実を隠すために別の嘘が作られるというように「隠蔽の連鎖」が起こります。誰かをかばったり、事実をねじまげたりするために、嘘を重ねざるをえない。逆に言えば、どこかに綻《ほころ》びが生じると、連鎖的に崩れていくということでもあります。

正しく「心証」をとる

嘘を見抜く作業で重要なのが**「心証」**です。

心証とは、言葉や行動から受ける印象のこと。客観的証拠ではなく、あくまで主観による認識のことです。我々の世界では、「この人が犯人に間違いない」「この話は嘘に違いない」というような裁判官や取調官などが受けた確信や認識を指します。裁判の判決でも、客観的証拠とともに、この心証が重視されています。

これを聞いて、「主観で判断するなんておかしい」と思う方もいるでしょう。たしかに主観だけで相手を疑うのは問題です。

しかし、客観的証拠だけで、被疑者が犯人だと決めつけることもまた、非常に危険なことです。客観的な証拠さえ揃えば、どんなに不自然でも犯人だとされることもあるからです。

検事の中にも「心証はつかめませんが、客観証拠的には有罪です」と言って、起訴しようとする人がいますが、この考え方はとても危ない。これを噛み砕いて言うと、「彼が犯人ではないような気もするけど、客観的証拠があるから有罪です」ということです。もちろん「客観的証拠上、有罪」というのは起訴の必要条件ですが、決定要因にはなりえないのです。

嘘を見抜くには、**客観的証拠に加えて、総合的・全体的・論理的に考えてその人が犯人に間違いないという心証を検事がとれるか**が大切なポイントです。客観的証拠だけ揃っていても、捜査官が納得できていない状況では、起訴は本来できないでしょう。一方で、論理的な思考や理由のないまま、ただ感情に任せた心証も意味がない。

「正しく」心証をとることは、捜査官の基本であり責務です。それは嘘をいかに見抜くかということでもあります。そのためにも、捜査官たちは、取調べを工夫し、その手腕を磨くのです。

捜査官の「落とし」は万能ではない

前項のように書くと、捜査官はどんな嘘でも見抜けるように思われるかもしれません。

たしかに、被疑者に自白させることのうまい警察官が「落としの名人」、同様に検察官は「割り屋」などと呼ばれ、ドラマや小説にもたびたび登場しています。小説のタイトルにもなった「半落ち」も、「被疑者が半分落ちた」＝「被疑者が一部自供した」という意味で、その言葉の裏には「技量で被疑者を落とそう」という自負が見て取れます。

しかし、捜査官の力量次第でたいていの犯人の自白を導くことができるというのは、大いなる誤解です。

かつて私は、検察庁において決裁（上司が部下の検察官の判断内容を精査し、その判断を最終的に承認すること）を任されていた時期に、ある調査をしたことがありました。対象は「逮捕当初に被疑者が否認したものの、最終的に起訴した」事案です。これらの事件記録を読みながら、はたして「取調官の腕」で自白に持ち込んだ事案がどれほどあるかを調べたのです。

そのうち二～三割は、「誰がやっても自白した」というケースでした。強い信念や深い考えのないまま否認し、時間の経過とともに自然と自白するという事例や、客観的証拠や第三者の供述などがあり自白せざるをえなくなった事例など、被疑者が簡単に自白したために起訴されたもので、捜査官の能力や相性の良さはほとんど関係がありませんでした。検察官が扱う事件の内、二～三割程度はこのようなケースが占めているのです。

逆に、二～三割は「誰がやっても自白しない」というケースです。事件記録を読んでいる限り、いくら優秀な捜査官が取調べをしたとしても、被疑者が自白することはないだろうという事例が一定数ありました。たとえ自白がなくても、取調べや捜査の結果から嫌疑が十分だと判断されたために起訴されたわけですが、それでも被疑者の中には最初から最後まで否認を貫く人が少なくないのです。

意外と少ないように思われるかもしれませんが、「取調官の腕が問われる」ケースは残りの四～六割、およそ半数でした。取調官の能力や相性によって、自白したかしなかったかが、分かれた可能性があるケースです。巧みな取調べの末に自白を引き出したケースもあれば、やり方を工夫すれば自白を引き出せたはずなのに否認に終わってしまったケース、一部の自供しか引き出せなかったケースなどがここに含まれます。

年がら年中嘘に接し、嘘を追及している検察官ですらその程度なのです。一般の方々が嘘を見抜くことがいかに難しいかがお分かりになるでしょう。

だから、**「必ず嘘を見抜いてやる」「絶対に騙されない」などという気負いは持ってはいけません。**そうした過信によって事実までも嘘だと誤解し、その誤解にいつまでも気づくことができなくなります。

なぜなら犯人ではないと見抜く行為は、「犯人に違いない」と当初抱いていた自らの疑念を訂正することでもあるからです。自分の直感や疑念が正しいと確信している人、自分は決して騙されないと思っている人ほど、間違う傾向にあるのはこれが理由です。

一九九四年六月に発生した松本サリン事件では、第一通報者の河野義行さんが、「重要参考人」として長野県警から取調べを受けました。県警は事件発生直後から「河野さんが犯人である」と見立てており、取調べは連日のように続きました。

重大事件ゆえ、相当優秀な刑事が取調べに当たっていたでしょう。犯人だとするには不自然な点も数多くありましたが、「河野さんは犯人ではない」とすぐに見抜くことができず、オウム真理教が真犯人であると発表するまで半年以上の時間がかかってしまったのです。

被疑者が真実を全て話すことはない

万引き犯が「もう二度とやりません」と涙ながらに訴える。その言葉を受け入れて釈放したのに、二～三日すると、また万引きで逮捕されてくるということがよくありました。そんなことがあるたび、検事は「もう騙されないぞ」との強い思いで取調べに当たるものです。

しかし、検事総長を務めた故伊藤榮樹《しげき》さんは「検事は、被疑者から騙されてはいけない、騙されてはいけないと思って汲々としていると、目付きも変わり、被疑者にしてみれば『こんな検事に話をしようものなら厳罰にされる』と思い、おいそれと自白しない」という趣旨のことを言われていました。

まさに嘘を見抜く上での基本的スタンスであり、若いとき、私もこの言葉を指針にしていました。

特に検事になり立てのころは、騙されることのほうが多いでしょう。新人検事というのは、自分の力で被疑者を更生させようという気概や、なんとか自白させようというプライドが強すぎるものです。

しかし、**自分は騙されまい、嘘を暴いてやる、自白させてやると必死になればなるほど、その気持ちが表情や言葉に出てしまい、相手にも察せられます。**自分自身が動揺し、相手のちょっとした言葉や態度にのめり込んでしまうのです。

そのような検事に対しては、ある被疑者は警戒して頑なに自白を拒むでしょうし、ある者は真実を全て話したふりをして、その取調べをやり過ごそうとする。焦っていた検事はその「自白」に飛びついて、やっと本当のことを話したと思って安堵するでしょうが、結局、虚偽を多分にはらんだ自白は裁判でも信用性がないとされることが多いのです。

これは、取調べに限らず、ビジネス上の交渉や取引でも同じでしょう。どうしても契約にこぎつけたいということが見透かされれば、相手にうまく言いくるめられ、不利な条件で契約を結ばされてしまう。

私にもこんな経験がありました。実は検事になって六年目のころ、検事を辞して弁護士になろうと思っていたのです。そのころは、もう近いうちに辞職するからと取調べにも根を詰めず、相手を自白に追い込もうという気持ちもほとんどありませんでした。ところがそんな私に、取調中の被疑者が、全国紙の一面に載るほど重大な事柄を供述してくれたのです。絶対に嘘を暴いてやる、とことん追及してやる、という様子が私に全くなかったことが幸いしたのでしょう。

相手の心を開かせる距離感

被疑者の多くが最初は否認をしたり、嘘をついたりしますが、やがて自白に転じます。最近は検察の不祥事が続いたことで、「警察や検察などの捜査官が無理やり自白させたに違いない」という印象があるかもしれませんが、現実的には彼らの大部分が「クロ」であり、取調べをしていく中で自白せざるをえなくなるのです。

実際、取調べを終えた後、自白をした被疑者に感想を尋ねてみると、多くの人が「最初はごまかそうとしていたけれど、あの質問で諦《あきら》めた」「認めれば罪が重くなると思い、絶対に認めるわけにいかないと思っていたが、嘘をつき通せないと分かった」などと言います。

優秀な捜査官とは、嘘の心証を的確につかみ、情報を整理し、それを踏まえて説得力をもって追及できる者だといえますが、同時に、**真実を話しやすい状況や雰囲気を作り出す**ことにも長けています。ただ一方的に嘘を追及するのではなく、相手の心を開かせなくてはいけないからです。

これは一般社会でも同じことが言えるでしょう。ビジネスの話を進めるにも、ただ一方的に話を詰めるのでは相手は態度を硬化させる。腹を割り本音で話をするためにも、取調官の手法は有効なはずです。

相手と対峙するのではなく、距離を置くことも重要です。私は検事と被疑者が話しているのを、上から俯瞰《ふかん》しているようなイメージを心がけていました。

前述のとおり、人には不利なことをあえて言わない本能があります。だから嘘を暴くほうも、「七〜八割くらい真実を話してもらえればいいや」という気持ちで臨むこと。

そのほうが、表情や言葉に余裕が出て、相手の心を開くことができます。これもまた、取調べに限らず、日常生活や仕事の上でも同じでしょう。

【第２章　嘘を見抜くための心得】

・嘘を解体するステップは「①嘘に勘づく→②嘘を確かめる→③嘘を断定する」。
・明るみに出た要素によって、嘘がどんどん変わっていく。
・客観的証拠だけでなく、総合的・合理的に考えた上での「心証」も大事な要素。
・「必ず嘘を見抜いてやる」などと気負うと、相手も心を閉ざしてしまう。
・相手の心を開かせるには、対峙するのではなく一定の距離を取る。

第3章　嘘つきはこのセリフを使う

嘘を見抜くには、まず嘘に勘づかなくてはいけません。このとき役に立つのが、嘘をついた人に表れる**「嘘反応」**です。

この研究は主に心理学の範疇《はんちゅう》ですが、私は長年検事を務める中で、この「嘘反応」を自分なりに取りまとめていました。なにせ年がら年中、他人から嘘をつかれ、それを見抜くのが仕事ですから、「嘘反応」に接する機会は心理学者を超えていると自負しています。

「嘘反応」は、**嘘をついているときに表れる、不自然で非合理な言動**のことです。実に色々なパターンがありますが、個々の「嘘反応」を整理すると、お決まりのパターンが浮かび上がってきます。

これらは、大きく分けて**「言葉の嘘反応」**と**「態度の嘘反応」**の二つがあります。

この章では「言葉の嘘反応」からご紹介していきます。言葉の内容や発言の仕方に含まれるサインがこれに当たります。

大事なことを覚えていない

一言で嘘をつくと言っても色々なパターンがあります。堂々と演技をするのではなく、嘘をついて不都合な質問から逃げ、核心に触れないというやり方もあります。

政治家の証人喚問などでは、**「覚えていない」「記憶にない」**などのフレーズが飛び交います。

この言葉は、罪に問われたくない人間にとって、極めて便利な言葉です。「覚えていない」と言えば、「嘘をつく」という故意や悪意はないという体《てい》になりますし、その後発言を翻《ひるがえ》しても「本当のことを思い出した」ということにできる。イエス・ノーをはっきり示すことなく、その理由や説明をする必要もなく、その後の追及も封じることができます。

つまり、「覚えていない」ことは罪に問いづらく、「覚えていない」ことを嘘だと証明できない――だからこそこの言葉が多用されているのです。

ただし、「覚えていない」「記憶にない」というフレーズは、嘘の常套句《じょうとうく》としてあまりに有名になってしまいました。たしかに言質《げんち》をとられず、法的追及をかわすという点においては有効ですが、「嘘をついています」と言っているようなものなので、疑いを抱かれたくない場合には避けるべき言葉です。

似たようなパターンとして、「私はやっていません」「私は関係ありません」など、合理的な説明も具体的な理由も抜きにして、ただひたすら否認する人がいます。

否認を表明する以外に余計なことを一切語らないのは、ボロを出して罪に問われないようにしようという目論見《もくろみ》もあるのでしょう。しかし、本当に関与していない場合は理由や背景を交えて誠実に話すという対応があって然《しか》るべきです。こうした否認の供述もまた、「嘘反応」の一つと考えてよいでしょう。

ただし、何かをかばっている可能性や、説明できない複雑な事情があるかもしれません。物事を説明することが不得手で、このような説明しかできない人もいます。また、全く身に覚えがないことを言われ、驚きや戸惑いからうまく説明できない人もいるでしょう。

本当に覚えていないのか、本当にやっていないのか。これを見極める基準は**「覚えていない」範囲の「ムラ」**の有無です。

覚えていないフリをしている人は、重要な場面、肝心な事実に限って覚えていないと言います。他の場面では饒舌《じょうぜつ》で、自分に有利な情報ははっきり覚えているのに、大事な箇所だけが不自然に抜け落ちています。

一方で、本当に覚えていない人は、重要な場面に限らず全体的に記憶が曖昧で、自分にとって有利なことでも忘れています。それでも記憶の断片を手繰《たぐ》り寄せ、小さな情報をなんとか見つけようとしますし、質問に対しても誠実に答えようとする。

聞かれた質問に答えない

嘘がうまい人に多いのが**「話のすりかえ」**です。

核心的な質問をされたとき、**直接答えずにはぐらかしたり、過度に一般化した話し方**

をしたり、逆に同じ質問を投げ返したりする。

分かりやすく言えば、「○○さんは彼女がいるんですか？」と聞かれた際に、「僕はともかく、□□くんに彼女ができたらしいよ」（はぐらかし）、「彼女がいると楽しいよね」（一般化）、「そういう君は彼女がいるのかい？」（逆質問）と答えるやり方です。

個人的に、このすりかえがうまいと思うのは橋下徹・大阪市長です。彼のやり方の是非や発言の真偽をここでは追及しませんが、厳しい質問を投げかけられても、それに答えずにやり過ごすことには成功しています。

たとえば、先の衆院選で争点となっていた「TPP交渉参加」や「脱原発」について、「日本維新の会」の代表代行として記者会見で具体的な政策を問われると、「政治家は方向性を示し、役人が工程表を作る。役割分担だ」「（マニフェストを）細かく書けばいいってもんじゃない」などと問題を一般化してはぐらかし、聞かれた質問に最後まで正面から答えることはありませんでした。

ただし、はぐらかしや一般化が有効なのは、自分がある程度コントロールできる場面や、相手が自分に気を使っている場面に限られます。もし一方的に取り調べられる立場、糾弾される立場であれば、逃げ切ることは難しい。不利な状況でも使えるとすれば、「逆質問」です。

たとえば「昨晩、あの女性とホテルに行ったでしょう?」と聞かれたとします。このとき、「覚えていない」と言ってそれ以外の回答を拒む選択肢もあれば、「昨日は別の場所にいました」などと虚偽の証言をして逃げる選択肢もあるでしょう。ただし、不自然さや無理があるのも事実です。

これに対し、「私を疑っているんですか?」などと答えるのが逆質問のパターンです。質問の核心である「ホテルに行ったか?」という質問に答えないまま、「私を疑っているのか?」という別の質問にすり替えています。さらに逆質問によって、質問する側・される側という主従を逆転させているのです。

この他にも、「僕がそんなことをする男だと思っているのですか?」「僕が違うと言ったらどうするんですか?」「それってどういう意味ですか?」などという答え方も、逆質問の一種といえるでしょう(もはや「逆ギレ」と言ったほうがいいかもしれませんが……)。

とはいえ逆質問は、そもそも質問にきちんと答えていないので、意外と嘘をついているように見えづらいものです。その上、質問者が逆質問に対してきちんと返答ができなければ、その後に不利になる可能性もあります。こうしたことから、政治家には答えづらい質問を記者から受けると、逆質問してその場をかわそうとする人が多いのです。

こうしたことを防ぐため、地方自治体の議会では、市長など行政のトップに「反問権」を与えていません。議会が首長の政策を追及する中で、逆質問ではぐらかすことを封じているのです。

しかし、橋下市長は、大阪市議会に反問権を要求しています。逆質問の効力を知っているからでしょう。すでに記者会見では、記者に対して逆質問を繰り返し、最後まで質問に答えない姿が散見されます。大阪府が教職員に君が代の起立斉唱を命令した問題で、「一律に歌わせることについてはどうですか？」と記者から質問されると、「斉唱命令は誰が誰に対して出したんですか？」「答えられないんだったらここに来るな」と逆質問で応酬し、結局この質問には答えぬままだったという様子は、インターネット上の動画でも公開され、ずいぶんと話題になりました。

逆質問をする人全てが嘘つきだとは言いませんが、質問に答えていないことは事実です。

似たような手口として、**質問者側に「証拠」を持っているか、どれだけ「確信」を持っているかを尋ねる**というパターンもあります。

「何か証拠でもあるのですか?」「誰がそんなことを言っているのか教えてください」「私を疑っている人に答えたってムダでしょ」「どうして答えなくちゃいけないんですか」……。追い詰められて苦し紛れに出た言葉とも言えますが、質問にまともに答えていないという点では共通しています。

ただし、執拗な取調べが長く続き、無実の被疑者が精神的に参ってしまって、諦めムードになったときに言われる場合もあるので、慎重な検証が必要です。

いずれにせよ、この手法を使えば、相手との信頼関係は完全に破綻してしまいます。逆に言えば、信頼関係を失ってもいい相手だと思われているからこの手法が使われている。質問や追及をする前に、一定の信頼関係を築いていれば、相手はこの手法をとりにくいと言えるでしょう。

話のリズムが突然崩れる

嘘をつくという行為は、思いの外《ほか》、本人に大きな負担を強いるものです。

もちろん詐欺師のように日常的に嘘をついている人は、平常心で嘘がつけるのかもしれませんが、それはかなり特殊なことです。辻褄《つじつま》が合うように頭を働かせ、表情や口調に感情が表れないように演技し、バレるかもしれないという恐怖と闘うのは、大きなストレスと緊張を強いられるのです。

そのため、嘘をつきながら演技している人は、どうしても不自然なふるまいになってしまう。**「話のリズム」が突然崩れる**のは、その典型例です。

特定の話題になると、今までの話のリズムが急に崩れ、早口になったり、不自然なほどゆっくりした話し方になったり、声が高くなったり、話が途切れがちになる。嘘をついたことで心理状態が大きく変化し、激しく動揺したことを表わします。

ただ、この変化には個人差があり、元々の性格や訓練の有無で大きく左右されます。一流のビジネスマンは、相手に本心や感情を悟られることのないよう、常に平静を保ち、丁寧な話し方を続ける訓練を積んでいる人も多い。

被疑者も同じで、話のリズムに変化が表れないよう、最初から最後までまったく抑揚をつけずに話し続ける人や、まるでホテルマンのように丁寧でへりくだった態度を取り続ける人がいます。普段からそういう仕事に就いている人ほど、話のテンポのコントロールがうまい。

こういうときには**「話の濃淡」があるかどうか**をあわせてチェックします。

私は、東京地検特捜部において、国民から寄せられる犯罪情報（投書等）を受け付け、分析し、場合により内偵捜査に着手するかどうかを判断する部署の責任者をしていたことがあります。その情報がどの程度の信用性があるかを判断するのです。

数多くの内部通報を精査していく内に、本物の内部文書は、会社内の不正が詳細に記載されていながら、特定の部分の記載だけはすっぽり抜け落ちていたり、相当簡略化されていることがあるという傾向に気づきました。つまり「話に濃淡がある」のです。

これこそ内部に身を置き、直接関わっている内部通報者の証です。自分だけしか知り得ない状況を詳細に記載すれば、自分が内通者だとばれて責任が問われてしまう。そのため、通報者はそういった部分を曖昧なままごまかします。本人はうまく隠したつもりでしょうが、全体を俯瞰して読めば、記載内容の濃淡はやはりおのずと浮かび上がってきます。

「濃淡がある」ということは、「何かを隠している」ということ。これに照らし合わせると、取調時の供述に「濃淡がある」ということも、犯人だったり、何かを隠している可能性があるということになるのです。

たしかに聞こえているはずなのに……

確実に聞こえる声の大きさで話している、平易な言葉で質問している、当然知っている事柄について質問をしている……。

このような条件を満たしているのに**「聞き返し」が繰り返される**場合、私の頭の中には「警戒音」が鳴り始めます。

たとえば「昨日、どこかに行きましたか?」と相手に聞いたとしましょう。間違いなく聞こえる声の大きさで、はっきりと聞きます。小学生でも分かるような平易な言葉です。しかも、昨日のことですから、特殊な事情がない限り忘れることもありえません。

でも嘘をついている人は「えっ、何ですか？」「今なんて言いました？」「それって昨日のことですか？」などと聞き返してくる人が多い。別のことに集中しているときに話しかけたのであればまだしも、向かい合っている状況ではあまりに不自然です。

これは、聞き返すことによって時間を稼ぎ、嘘がばれないよう自分の中で答えを用意しているからです。ある被告人も、法廷での被告人質問の際、「すみません。もう一度お願いできますか」と聞き返して、なんとか時間を稼いだことがあった、と私に打ち明けました。

質問に対して正面から直接きちんと答えることができず、かみ合わない答えでごまかすというのも似たような手法です。

横領事件の被疑者に対して、「盗んだのか」「ねこばばしたのか」「使い込んだのか」などとどぎつく生々しい言葉で質問してみます。このとき、無実の者で、やましいことがなければ「盗んでなんかいないですよ」「ねこばばなんてしていません」などと直接的に否定するものです。

しかし、実際に横領した者は、「疑われることなんてないです」「問題になるようなことはしていません」などと、**直接表現を避ける**傾向があります。

要は、やましいことがあるので、まともに答えたくないのです。あたかもきちんと答えているかのように見せかけて、感情が揺さぶられる部分を排除し、言質をとられないようにしているのです。

ただし、そこまでの段階ですでに相手の気持ちが動揺していて集中できない事情があれば、その点は考慮しなくてはいけません。

「防御の修飾語」で逃げ道を作る

嘘というのは、相手を騙しきれれば有効なのですが、バレたときに責められる可能性もあります。そのため、嘘をつくときに、あらかじめ嘘の度合を薄めておき、バレたときの逃げ道を作ろうとすることがあります。

「まあ」「多分」「……かもしれない」「私が知っている限りでは」「正確に思い出せないのですが」「思い違いをしているかもしれませんが」など、**断定を避ける言葉を使う**のが一つの方法です。

もちろん日本人はもともと断定を避けがちですし、供述や証言など重要な発言に自信が持てないという事情は分かります。しかし、本来ならはっきり言えるようなシンプルな物事まで明言を避け、このようなフレーズを使う場合はかなり怪しい。たとえば「昨日彼に電話をかけましたか?」という単純な質問に「多分かけていないと思います」と答えれば、それは「嘘反応」としてその後慎重に取り調べていくことになります。

「そのような言い方はしていません」「そのナイフでは刺していません」などと**限定的に否定する**場合も同様です。

後に嘘がバレたときでも、「そのような言い方はしていません(が、他の言い方で言った)」「そのナイフでは刺していません(が、他の凶器で刺した)」という意味だったと弁解するための逃げ道になりますし、嘘をついている自分自身の心理的負担を減らすこともできるからです。

無意味で過剰な誇張

「僕を疑うなんてひどいなぁ」「信じてくださいよ」「そんなことをするはずがないでし

ょう？」「僕がそういう人間に見えますか」など、**媚《こ》びたり情に訴えたりする**人も多いですが、こういう物言いは嘘をついている人の特徴です。もし本当に無実であるならば、説得力のある弁解を模索し、なんとか信じてもらおうとするはずです。

この手の「嘘つき」は意外と日常にも潜んでいます。交渉、相談事、投資話などで相手がこのようなセリフを言ってきたら要注意です。情に流されるのではなく、客観的で合理的な説明を求めなくてはいけない。

「命を懸けて」「神に誓って」「天地神明に誓って」などの**抽象的で過剰な修飾がともなう**場合も、私は怪しいなと疑いを強めます。端的に「やっていません」「言っていません」などと打ち消せばよいのに、無意味な誇張をすればするほど怪しいのです。

現にこのセリフを使った人々は、往々にしてその嘘が暴かれています。

二〇〇四年、テレビコメンテーターとしても有名だった早稲田大学大学院教授（当時）の経済学者が、「のぞき」の現行犯で逮捕されました。「天地神明に誓って無実潔白」と主張したものの、犯罪事実を認定され、罰金刑を言い渡されました。この二年後、彼は痴漢の現行犯で再び逮捕されます。前回と同じように「天に誓ってそのような行為はしていない」と訴えたものの、懲役四ヶ月の実刑判決により収監されてしまいました。

中には、「先生」「先生」などと言って、**過剰にへつらい、へりくだる**被疑者もいます。検事は弁護士と違って「先生」ではありません。それなのに、「先生のおっしゃることは……」などと場違いな敬語を使う。本当に無実の者であれば、自らを疑っている検事に対し、「先生」などとへつらい続けることはできない。逆に怒りや苛立《いらだ》ちをぶつけてくるものです。

このような態度を被疑者がとった場合、大方の検事は、「私は先生ではないので、先生という言い方はやめてください。検事と呼んでください」と注意します。でも私は注意せず、わざとそのままにしていました。過剰なへりくだりを続ける態度はむしろ「嘘反応」だと考えていたからです。

しゃべりすぎる人

取調べをしていると、やたらとまくし立てるように、ベラベラとしゃべり続ける被疑者に出会います。

もちろん根っからの話し好きの人もいますし、ただ焦ってしゃべりすぎる人がいるのも事実です。疑いをかけられていないただの関係者であっても、自分が疑われてはいけないとひたすら話し続ける人もいます。

しかし、**聞かれてもいないことを自ら流れるようにしゃべり続ける**人は、自分の作った嘘を、別の嘘で補強しようとしている可能性が高い。疑いをかけられているのが分かって、何とかそれを晴らそうと必死にしゃべり続けるのです。

その真偽を確かめるには、**どんどんツッコミをいれていく**ことです。ただのおしゃべりなら、そのツッコミにも動じずに同じような調子でよくしゃべります。しかし嘘をついている人は、その質問に答えるためにさらに新たな嘘を作る必要があり、精神的に追い込まれます。しかも、しゃべる量が減れば嘘を疑われるのではないかと恐れます。そして、ますますまくし立てるようにしゃべるのです。

しかし、そうやって焦って作った嘘には必ず綻びが生じるものです。

テレビドラマ『古畑任三郎』には「しゃべりすぎた男」という回がありました。明石家さんまが犯人役で、職業は弁の立つ敏腕弁護士。自らの犯した殺人の容疑を別人になすりつけ、自分がその弁護に回るものの、嘘の主張を法廷でまくし立てるうちに、犯行現場にいた者にしか分からないことをポロッと吐いてしまい、逮捕されてしまうのです。

「自己矛盾」には慎重に

「自己矛盾の供述」というのは、同一人の話の中で、前に言っていることと後に言っていることが食い違い、矛盾するような供述のことです。

分かりやすい例で言えば、「A社から領収書が送られてきたので……」などと話していた人が、後になって「A社とは一度も取引をしていないので、領収書はありません」などと矛盾したことを言う。

刑事裁判においてこの自己矛盾は、被告人や証人の供述における信用性が認められにくい代表例とされています。

ただし、自己矛盾があったといって鬼の首をとったように勝ち誇る検事がいましたが、これはいかがなものかと思います。記憶が混同することや勘違いを起こすことなど、人間なら誰しもあることです。聞かれた側の勘違いや聞く側の説明不足で、自己矛盾だと受け取られてしまうこともあります。

先の「Ａ社の領収書」の例にしても、答える側が別会社の領収書と混同してしまったのかもしれないし、実は「送られてきた領収書はＡ社の手違いだった」というエピソードを聞く側が聞き漏らしていたかもしれない。

嘘だと決めつける前に、その自己矛盾をきちんと精査し、不自然さが解消されるかどうかを確認しなくてはいけません。

記憶が薄れるほどの時間的経過がなければ自己矛盾は起こりにくくなりますし、「その場所に行った・行かない」「人に会った・会わない」など、混同しにくい明白な事柄であれば、やはり怪しいと捉えていいでしょう。

いずれにせよ、一つの自己矛盾で判断するのではなく、嘘を確かめるために数多くの質問を積み重ねていき、慎重に判断することが求められます。

【第3章　嘘つきはこのセリフを使う】

・大事なことに限って忘れたふりをする。（「記憶にない」など）
・聞かれた質問に答えようとしない。（はぐらかし・一般化・逆質問）
・話のリズムが突然崩れる。
・確かに聞こえているはずなのに聞き返す。
・限定的に嘘をついて、バレた時の逃げ道を作る。
・無意味で過剰な修飾語を使って否定する。（「神に誓って」など）
・嘘をつくろうために、聞かれてもいないことをしゃべり続ける。
・「自己矛盾」は勘違いや誤解もあるので注意が必要。

第４章　仕草から本心を見抜く

これまで「言葉の嘘反応」を見てきましたが、言葉と同じくらい「雄弁」なのが**「態度の嘘反応」**です。

嘘をついている人というのは、バレない嘘を話すことに一生懸命で、態度に気を配る余裕の少ない人が意外と多いものです。その分、本人の思っている以上に「態度の嘘反応」は表に出ており、相手からすればバレバレということがままあります。

ここでは私が見てきた「態度の嘘反応」をご紹介しましょう。

「態度の嘘反応」は言葉以上に雄弁である

前に述べたとおり、「嘘をつく」という行為は人にとって大きなストレスです。焦り、緊張、動揺……そうした心的要因が、無意識のうちに色々な反応を引き起こし、本人の態度に表れてきます。

ライオンに襲われるシマウマは、ライオンの気配がない場合ゆったりとしていますが、ひとたびライオンの気配を感じると、急に全身の自律神経が動き出し、非常態勢をとり、それが全身の態度に表れるそうです。これと同じように、嘘をつく必要がある質問をされたときや嘘をついたときなどは、急に自律神経などが動き出すこともあり、態度に様々な変化を引き起こす一因になります。

現代は、顔を合わさず、姿を見ることのないままコミュニケーションをとることができます。仕事のやり取りの多くがメールや電話で済まされ、直接対面して話しあう仕事相手はかなり限られているでしょう。わざわざ会うには、移動するコストや時間もかかります。

しかし、取調べを数多くこなしてきた私の実感としては、直に接したときの人間の反応は、言葉以上に「雄弁」です。面と向かって話すことによって、本音や思惑を見抜くチャンスが生まれます。時間やコストが多少かかったとしても、直接相手の反応を把握しようとすることは、ビジネスにおいても有用でしょう。企画書に書かれた数値や実績を評価するのもいいですが、それを説明する相手の表情や態度からのほうが、信用性を測れるのではないでしょうか。

よくテレビドラマでは、一瞬の表情（たとえば嘘をついた瞬間に左目の眼球が動くだとか）だけで嘘を特定する刑事やら学者やらが出てきます。しかし私はあくまで、誰もが観察可能で、見間違いのない類の反応に注目します。あまりに微細な変化は、観察者の勘違いや単なる身体の反応であることが多く、ミスリードの危険があるのです。

「プロの嘘つき」は目をそらさない

まずは「目線」から解説しましょう。

一般的に、目をまっすぐ見つめるという行為は「誠実さを示すサイン」であり、逆に目をそらす人は「嘘をついている」「やましいことがある」と考えられています。たしかに普通の人であれば、嘘をつくときに相手と目を合わせず、床や天井、宙に目が向かう傾向があります。

しかし、人の目を見ながら会話をすること自体を苦手とする人も少なくない。特に取調べや交渉など、緊張した場面や敵対する相手となれば尚更です。犯行に全く関わっておらず、嘘をついていないことがはっきりしている証人の中にも、目を合わせるのが苦手な人がたくさんいました。

一方で、**詐欺師など常習的に嘘をつく人は、アイコンタクトが多く、相手をじっと見つめ、視線をそらさない**のです。「誠実さを表すサイン」だと世間で認知されているからこそ、それを逆手にとり、意識的にやっているそうです。また、見つめ続けると、その視線に気をとられるので、話の内容に集中できなくなり、相手に深く考えさせないという効果もあります。

詐欺の手口を聞くと、こんなバカげた話になぜ騙されるのかと思いますが、その裏には詐欺師のこんな視線の効果があるのかもしれません。

また、長年の実感として、女性は嘘をついていても相手の目をジッと見つめる傾向があると言えます。「女性のほうが嘘がうまい」というのは、こういうところに理由があるように思います（女性の嘘の特徴や詐欺師の手口は、第6章でもご紹介します）。

笑いと怒りは「持続時間」を見る

心理学の研究によると、一秒足らずの短時間、あるいは反対に数秒以上続く笑顔は、故意に生み出された笑いすなわち「作り笑い」の可能性が高いのだそうです。

笑う理由のないときにこのような作り笑いが不自然に出されるとき、嘘をごまかそうとしているかもしれないと警戒します。

たしかに笑顔というのは、自分の意思で簡単にできる仕草の一つです。職場や日常生活でも、私たちはしょっちゅう作り笑いをしているものです。特に女性は常に作り笑いを浮かべているような人が少なくない。

ただし、いつも作り笑いを浮かべているような女性でも、取調べの場では緊張した面持ちに変わるものです。真剣な話をしているとき、自分が問い詰められているときに、作り笑いは必要ありません。むしろふざけているのではないかと誤解されるので逆効果です。やましいことがないなら、なるべく誠実にふるまい、一生懸命に説明しようとするものです。それでなければ怒りをぶつけてくる。

このようなシチュエーションで不自然に笑顔を作る人は、話もまた「作っている」可能性が高いのです。

笑顔と同じように、「怒り」の表情にも嘘の反応が表れます。

実のところ、取調べの場では怒り出す人が多いのです。「何で自分が疑われるんだ」「何で自分の言ったことを信じないんだ」「なんでそんな根掘り葉掘り聞かれなくちゃいけないんだ」……こんなセリフは山ほど聞きました。

ただし、怒り出す人の中には、嘘をついている人もついていない人も混ざっています。自分と関係のない犯罪のことで警察に呼ばれたことを純粋に怒っている人もいれば、嘘をごまかすために怒っている人もいる。「怒る」という行動自体、比較的大きくて派手なアクションですから、嘘をごまかして相手を威圧するのに使いやすいのでしょう。

そこで演技なのか本心なのかを見分けるヒントを一つ紹介します。それは**怒りの表情の「持続時間」**です。無実の人間は、自分が疑われているということに本当に怒っているので、それがずっと持続する傾向にあります。逆に嘘をついている犯人は、演技として怒りの表情を一時的に作るにすぎない。内心は焦りや不安に満ちていますから、その演技をずっと続けることが難しいのです。

「つま先の方向」は正直だ

検察庁の取調室では、検事は被疑者の真向かいに座るので、両者は正面を向いて相対する形になります。ところが、顔こそ真正面の検事に向けていても、胴体や下半身が違う方向を向いていることがよくありました。

私たちの中には、こうした状況を**「つま先の方向は正直だ」**と言い表している者がいました。

足のつま先が正面ではなく、全然違う方向に向いているということは、正面の人にきちんと相対して座っていないということです。これは検事、すなわち**正面の人に警戒心や恐怖心を抱き、早くその場から立ち去りたい、会話をしたくないという気持ちが表れているの**です。さらに、検察事務官（検察官の補佐兼秘書）など斜めや横にいる人につま先が向けられている場合、その人に共感や安心感を覚えていると言われていました。これは一種の経験則のようなものです。

「胴体（へそ）の方向」にも同じようなことが言えます。胴体の方向を真正面の検事に向けていない被疑者の場合、たいてい検事と距離を置こうとし、何かしらのやましさや恐れを抱えていました。

これは一般社会でも応用できるでしょう。たとえばテーブルを挟んで交渉を行っている場合、相手のつま先や胴体が別の方向に向いていれば、自分に不信感や距離感、やましさや後ろめたさを覚えている可能性があります。あるいは、自分のことを軽視し、つま先やへそを向けている人のほうを重視しているということもあります。

腕組みも、自分を守り相手を拒絶したいという感情の表れだと心理学では考えられているそうです。

たしかに嘘をつく被疑者は、腕を組み、宙を見ながら言葉を発することが多々ありました。彼らは腕を組むことによって、強気や平常心を装っていたように思います。特に不意の質問をされて答えに窮した場合は、姿勢を変えたり、脚を組み替えたりなどの態度を示し、動揺を隠そうとする姿勢が見て取れました。

「代償行動」のウラにある本音

電話中にペンで意味のない落書きをしたことはありませんか。

それはおそらく、楽しい会話に夢中になっているときではなく、早く切りたいのになかなか切れないときや、緊張する相手を電話口で待っているとき、相手が一方的にしゃべっているときなど、不安や退屈を感じているときだったのではないでしょうか。

これは「代償行動」の一種だと考えられます。

代償行動とは、欲求が満たされない場合、それを何か別の形で満たそうとする行動のことです。緊張や退屈を少しでも和らげようと、何かをいじってストレス解消をしているわけです。

「意味のない落書き」の他に、コップの飲み物を無意味にかき回す、ボールペンをカチカチとノックする、腕時計やアクセサリーをいじるなども、代償行動の一つです。

もし目の前にいる恋人や商談相手がこのような行動をとり始めたら、あなたの話に退屈しているか不満を持っている証です。それにもかかわらず、「君といて楽しいよ」「大変興味のあるお話です」などと言ってきたら、嘘を疑ってみるのも手です。

こうした代償行動と近いのが「下唇を噛む」「首をかしげる」という行為です。親に叱られて、下唇を噛む子供を見たことがあるでしょう。誰かに理不尽なことを言われて、下唇を噛んだ経験もあるのではないでしょうか。

下唇を噛むという行為は、「反発・不満・無反省」のサインです。ですから、取調中に下唇を噛んでいるのを見ると、その質問に答えるのは「気が進まない」「納得がいかない」ことを態度で表している可能性があると考えます。直ちに嘘をついているといえるわけではありませんが、なぜその質問に答えるのがイヤなのかを丁寧に探っていく必要があります。

同じように、首をかしげるのも、「反感・不同意」であることを示します。そうした態度をとりながら、こちらの提案に同意するとすれば、不承不承で妥協的に同意している可能性があります。

嘘をつきながら演技をするのは難しい

取調べをしていると、「だから私はやっていませんって!」と大声で騒ぎながら、机を叩くなどの大きなアクションをとる人がいます。普通の人から見れば、嘘をついていることを隠すための大げさな演技のように思われるでしょう。ところが実はちょっと違うのです。

演技という行為は、極めて高度な技術が求められます。嘘をつき慣れている詐欺師や、演技の訓練をしている俳優ならまだしも、普通の人が簡単にできることではありません。あらかじめ台本を用意され、練習を積んでいても難しいのに、何を聞かれるか分からない状況です。

脳内では論理的な嘘を必死で作り上げ、それをバレないように相手に説明しなくてはいけない。ただでさえ動揺し、緊張するところです。普通であれば、それに加えてわざわざ大げさな演技をするなどという余裕はないのです。

実際のところ、**取調室や法廷で大きなリアクションをとった人は、たいてい嘘をついていない**ことが明らかになっています。

逆に、**「隠す」アクション**は、嘘を隠すための特徴的な行動としてよく見られます。典型的なのは、口元に手をやる行為。顔の表情を手で隠すことで、相手になるべく表情を読まれたくないという気持ちの表れです。

「沈黙」が相手を追い詰める

「嘘反応」を観察するには、**矢継ぎ早の質問は控え、あまり問い詰めない**ことも大事です。

質問をしたら、まずは、相手の答えを待つというポーズをとる。さもないと、相手に嘘反応が表れても、嘘をついたことによるものなのか、こちらの質問攻勢に動揺しただけなのか、判別できなくなってしまうからです。

逆に、相手の話に相づちを打ってばかりいるのも、問題があります。たとえ相手が嘘をついていても、質問者の相づちによって気持ちが落ちついてしまい、「態度の嘘反応」が出にくくなるからです。そこで、**なるべく相づちを打たずに相手の話を聞く**ことが求められます。

司法修習生のとき、初めて現職検事の取調べを見学しました。司法修習生とは、司法試験合格後に検事・弁護士・裁判官の仕事を順番に実務研修する者のこと。当時の私は、

「検事は犯人を激しく追及し、問い詰め続けるもの」というイメージを抱いていたのですが、その検事は黙っていることが多く、意外だったことを覚えています。その後、自分も検事となり、「沈黙」の必要性をことごとく実感することとなりました。

取調べを進め、細かい追及を続けていると、だんだんと俯瞰の視点が失われてきます。一つ一つは整合性がとれているため、なんとなく納得してしまい、根本的な不自然さや不合理さを見失ってしまう。違和感も麻痺していってしまうのです。

そのため、**「第一印象」を覚えておく**というのも肝要です。最初に話を聞いたときの率直な印象ということです。余計な情報がない時点のほうが、常識的、合理的な判断ができる。根本的な矛盾や不整合にも気づきやすいのです。しかし第一印象は時間が経ち、話を聞くほどに色あせてしまう。

「私の目を見て話しなさい」は愚の骨頂

嘘をついているだろうという相手に、「私の目を見て話しなさい」という方がいます。人の目を見ながら嘘をつくことはできない、と広く信じられているからでしょう。しかしこれは逆効果です。

たしかに嘘をついているときに、相手からじっと見られると、嘘を見透かされたようで動揺します。しかしずっと目を合わせていると、人はすぐそれに慣れてしまい、「嘘反応」が出なくなってしまうのです。

私は取調べのとき、**相手の目をなるべく見ない**ように気をつけてきました。調書を眺めたりして少し視線をそらしておく。そして、「あなたはこのとき、盗みを働きかけたんですか」などと言いながら、**ここぞというときに相手の目を見る**のです。

相手がもし真実を述べていれば、私が顔を上げて目を見たところで、淡々と供述を続けるでしょう。しかし嘘をついている場合はそうはいかない。嘘をついている後ろめたさと、目を見つめられたことの動揺で、意識的に目をそらしたり、質問を聞き直したりと、「嘘反応」が示されることが多い。

いずれにしても「嘘反応」を見るには、ピンポイントの反応を観察しなくてはいけません。常に刺激を与えていると、それに慣れてしまい、「嘘反応」が出なくなってしまうからです。

疑う心と信じる心の「二重人格」

とはいえ、いくら「嘘反応」が出ていても、被疑者が犯人でないかもしれないという思いを常に抱き続ける必要があります。

予断と先入観で被疑者を犯人と思い続けること、そして「絶対に自白させてやる」などと強く思い込み、撤退の勇気や疑問の余地を持たないことは非常に危険です。誤った起訴や冤罪《えんざい》の発生にもつながりかねません。

全くの無実の者でも、取調官から尋問されると「嘘反応」を示す場合があります。ひょっとしたら自分が犯人と疑われるのではないかと不安になり、どうしても緊張や動揺が隠せなくなってしまうことがあります

私にも似たような経験があります。深夜に車を運転中、バイクの自損事故で転倒した人を発見し、すぐに警察と消防に電話連絡しました。しかし、よく考えてみると、私以外に目撃者もいない深夜のできごとです。ことによると、私がその事故に関わったと疑われないかという不安がよぎりました。

普段取調べにあたっていた私ですらこうなるのですから、気が弱い人などであれば、疑われたらどうしようと不安に思えば、まるで犯人のように「嘘反応」が出てしまうかもしれません。

無実であるにもかかわらず、殺害された人とトラブルを起こしたことがあるなど「動機」があると疑われる人も、聴取を受ける際には同じ状態になるでしょう。

態度に表れる「嘘反応」も、それが表れたときの状態や原因を冷静に分析し、しかも一つの「嘘反応」が表れたからと言って鬼の首をとったようにならず、いくつもの反応を総合判断し、さらに嘘をついているかどうかを客観的・論理的に断定するプロセスを踏まなくては、相手を追及することは許されません。

捜査をする者は、ある意味「二重人格」でなければならないと思います。**被疑者を間違いなく犯人と疑う人格と、被疑者を犯人でないと考える人格**です。「言うは易し、行うは難《かた》し」なのですが、捜査をする者はこの姿勢を決して忘れてはならないと思います。

「人間ポリグラフ」になったつもりで

一般の方々は他人を取り調べる機会などほとんどないでしょうが、他人と直接話し、嘘反応に接する機会は多くあるでしょう。このとき、「あれ、ちょっとおかしいぞ」という反応が見えたら、十分警戒し、その後の言動を注意深く観察してみてください。

私は嘘反応を見る作業を**「人間ポリグラフ」**と表現してきました。

ポリグラフというのは、嘘発見器と言われるものです。人間は嘘をつくと、その興奮状態・緊張感等から発汗や血圧等によって生体に反応が出ます。この反応を機械的に分析して、被験者が嘘をついているかどうかを判定する道具です。そうした器械を使わずに、相手の「言葉の嘘反応」や「態度の嘘反応」を観察することによって、相手の嘘を見抜こうというのが人間ポリグラフの発想です。

ただし、現在の日本の捜査機関において、ポリグラフはあくまで捜査の参考にする程度で、単独の証拠にはなりえません。嘘をついていると判断するには、いくつもの反応を確かめ、丁寧で慎重な確認作業が必要です。

これまでもたびたび申し上げているとおり、犯人の目線やクセといったものだけで、刑事が犯罪を暴くといったドラマや小説がよくありますが、それは絶対にしてはいけないことです。

「嘘反応」はあくまで嘘に気づくきっかけです。嘘だと確実に判断できるものではない。嘘をついている人に多く見られる反応ですが、嘘をついていない人も不安や緊張から同じような態度を示すことも少なからずあります。

一つの「嘘反応」だけではなく、複数の「嘘反応」を集積し、いくつものフィルターを設けること。そして次章以降で説明するように、論理的に嘘か否かを確認していく作業を引き続き行うことが、「嘘反応」を扱う条件だと言えます。

【第４章　仕草から本心を見抜く】

・常習的に嘘をつく詐欺師は、アイコンタクトが多く、視線をそらさない。
・一瞬で消える、あるいはずっと長く続く笑顔は嘘の可能性が高い。
・つま先やおへその方向が相手に向いていないのは、警戒心や恐怖心の表れである。
・何かをいじる行為は、緊張や退屈を少しでも和らげようとする「代償行動」。
・話をしながら大きなリアクションや派手な演技をする人は、嘘をついていない可能性が高い。
・矢継ぎ早の質問は控え、相づちを打たず、沈黙して相手の話を聞くこと。
・目を見続けると相手も慣れてしまうので、ここぞという時以外は目を合わせないように。
・相手を疑う気持ちと、相手を信じようという気持ちを常に両方持つこと。

第5章　嘘を暴く質問とは

次の段階は**「嘘を確かめる」**段階です。

「嘘反応」によって嘘に勘づいたなら、様々な質問を相手に投げかけ、その答えを検証することによって嘘の確証をつかんでいきます。そのためには、本質を突きながら、相手の本心を引き出すような質問をすると共に、話しやすい環境を整える工夫も必要です。

これからその具体的な技術をご紹介していきます。

「事実の確定」と「嘘の評価」を混同しない

嘘を追及する際、「嘘をついているだろう」「悪いと思わないのか」などとストレートに問い詰める様子を散見します。嘘を早く認めさせたいがために先走ってしまい、追及が空回りしていることがよくあります。

国会の証人喚問でもよく、国会議員が「嘘をつくのはやめなさい！」「騙そうとしていたんでしょう！」などと詰め寄っていますが、ただの自己満足やパフォーマンスにすぎません。

相手に「嘘をついていました」「騙そうとしていました」と言わせたいのでしょうが、この質問の仕方では逆の回答しか得られない。「そのような認識はありません」「騙そうという意思などありませんでした」などと言われておしまいです。

「嘘をつく」「騙す」という行為は、実は本人の主観や感情によって左右される概念だからです。たとえ事実に反する言動によって結果的に相手が騙されても、本人は「嘘をつくつもりはなかった」「騙すつもりはなかった」と言いはることが可能です。結局、感情論になり、追及は平行線をたどることになる。

検事になりたてのころも、**「事実を聞け。評価は最後の最後に聞け」**と指導されます。悪いことだと思っていたなどという「評価（判定）」は、あくまでその対象（前提）となる「事実」が確定した段階で可能になるからです。

つまり、嘘を見抜くには、まずもって「事実が何であるか」をつまびらかにすることが必要なのです。

事実を詳細に確認していき、辻褄が合わない点を追及し、それを指摘することで、「嘘をついたかどうか」ということもだんだんと浮き彫りになっていきます。いくら嘘のシナリオを綿密に作っておいたとしても、詳細にそして体系的に聞いていくと、小さな矛盾点は出てきてしまうものです。

このとき「木」をイメージして追及することをおすすめします。事象の大筋は幹、個々の事象は枝、さらにディテールは葉をイメージします。このとき、一箇所の枝葉を丹念に聞くより、幹や枝葉の間をどんどん飛ぶように質問するほうが、相手の供述の綻びを引き出すことができます。もし本当のことを話していれば、どの部分を聞かれても正確に答えられるでしょうが、木が「幻」の場合はそれだけで混乱してしまうからです。

逆に最後まで真偽の確証が得られないときには、事実の確認が不十分であることが考えられます。目の前の相手に「嘘をついていました」と認めさせることに夢中になり、事実の確認と真偽の追及がごっちゃになってしまっているのです。

事実の積み重ねで嘘は浮き彫りになる

「無銭飲食」という詐欺犯罪があります。所持金が数十円しかない状態にもかかわらず、飲食店に行き、飲食物を注文して飲み食いするという形態の詐欺です。

この場合、被疑者に対し、いきなり「店の人を騙そうとしたのだろう」と責めても、「いや、騙すつもりはなかった」とのらりくらりと答えます。そこで、一つ一つ事実の確認をしていくのです。

問　あなたは、店に入るとき、お金をどの程度持っていましたか。
答　数十円でした。
問　あなたは、店員に飲食物を注文しましたか。
答　はい。
問　何を注文しましたか。
答　カツ丼とビールと漬け物です。

問　あなたは、注文して店から出された食べ物を食べましたか。
答　はい。
問　あなたは店員に、支払うお金を持っていないことを伝えましたか。
答　いいえ。
問　このお店が客からお金を受け取る前に注文に応じるのは、店を出るときに代金を支払う仕組みだからですね。
答　そうです。

大事なのは、**自分の行動の理由や言い訳を話させるのではなく、あくまで事実を確認する**ということです。その場その時の状況を一つ一つ確認していくのです。

これによって、「数十円しか持っていなかったが、注文をし、それを食べた。その店は、出るときに代金を支払う仕組みであると分かっていた」という事実が浮き彫りになりました。

本人はいくら「騙すつもりはなかった」と言ったとしても、事実のみを積み重ねていけば、それだけで「騙した」という判定が可能になっていくのです。

法律の世界では「法律の錯誤」という考え方があります。犯罪を犯している、法律に違反しているという意識がなかったとしても、自分が起こした一連の行動を認識していれば有罪になるという扱いを言います。

無銭飲食の例で言えば、所持金がないのに飲食物を注文したということを認識していれば罪に問うことができます。被疑者の口で「飲食物を騙し取りました」などと言わせなくとも処罰できるのです。

答えを「固定化」せよ

相手の供述に矛盾や不自然な点があれば、これを追及しない手はありません。しかし、いざそれを追及すると、「そうは言ってない」「そういう意味ではない」「勘違いしていました」などと追及をかわされてしまう。

これを防ぐために、**相手の話を「固定化」しておく**ことが必要です。相手の言ったことを細かく聞いて、事実関係や意味を正確に記録しておくのです。このことを捜査現場では「供述を固めておく」と言います。

私はかつて「なだしお事件」の取調べに携わったことがあります。一九八八年七月、海上自衛隊の潜水艦「なだしお」と、遊漁船「第一富士丸」が衝突した事件です。

この事件で争点の一つとなったのが、誰かが航海（航泊）日誌の衝突時刻を書き改め、元の紙を捨てていたことです。証拠隠滅だとして、当時世間の批判を浴びていました。

しかし、取調べをしても、担当者は書き改めたということを認めようとはせず、むしろ航海日誌に触ってもいないと言うのです。そこで私は、その供述をあえて受け入れ、「自分はその日誌には一切触っていないことに間違いない。そもそも事件後にそれを見たこともない。記憶をたぐり寄せてみたが、勘違いしているということも決してありません」という趣旨の供述調書にサインをしてもらいました。

その上で、当の日誌を見せながら取調べを再開しました。日誌には書き改めた跡がありましたし、彼が事件後にそれを見たことも触ったこともないというのは不自然な状況でした。しかし、彼は少し前に「見たことも触れたこともない」とはっきり供述してしまっています。その矛盾点をつくと、彼は嘘をついたこと、しかもその嘘が供述調書に記録されたことの後ろめたさから、とうとう観念し、全てを自白するに至ったのです。

これは一般社会でも通用するテクニックです。ビジネス上の交渉やトラブルの話し合いにおいては、とかく「言った・言わない」が問題になります。口頭ではたしかに決めたはずなのに、後になって「そんなことは言っていない」と嘘をつかれて反故《ほご》にされる可能性があります。そこで相手の言い分を確定させておき、言い間違いや記憶違いだったと言わせる余地をあらかじめ排除しておくことが肝要なのです。

「オープンクエスチョン」で尋ねる

質問には、大きく分けて「クローズドクエスチョン」と「オープンクエスチョン」があります。

クローズドクエスチョンは、答えがＹｅｓかＮｏかに絞られる質問です。それに対しオープンクエスチョンは、どのように答えるかが相手に委ねられている質問です。いわゆる５Ｗ１Ｈ（＝Ｗｈｅｎ・Ｗｈｅｒｅ・Ｗｈｏ・Ｗｈａｔ・Ｗｈｙ・Ｈｏｗ）で聞く形式です。

「あなたが現場で見た人はＡさんですか？（Ｙｅｓ・Ｎｏ）」が前者であるなら、「あなたが現場で見たのは誰ですか？（Ｗｈｏ）」というのが後者というわけです。

オープンクエスチョンは自発的な回答であるため、クローズドクエスチョンよりも勘違い、言い間違いなどの弁解を封じ込める効果があります。

たとえば取調べに呼ばれた人に対して、「あなたが、今日ここに呼ばれた理由は分かっていますか」と尋ねてみます。

事件など身の回りでそう起こるものではないですし、すでに報道されていることも多いので、たいていの人は呼ばれた理由が分かっています。ここで「分かりません」と言うのであれば、それ自体が嘘の可能性が高い。一方で「分かります」と言えば、どうして呼ばれたのかを自分の口で説明してもらうのです。

「誰がやったと思うか」「どうしてこんなことをしたと思うか」など、事件や問題の核心について考えを聞いてみるというのも手です。問題は、誰を挙げたかというより、どう答えたかということです。

事件やトラブルが身近に起こった場合、普通の人なら興味をひかれ、誰がなぜそんなことをしたのかと想像をめぐらすものです。もちろん仲間内の話であれば、特定の個人の名前を挙げたりすることに抵抗はあるでしょうが、「参考程度に色々な観点からの意見を集めている」と説明すれば、たいていの人なら一人二人は挙げてくれるものです。

一方で真犯人は、「分かりません」「見当もつかない」などと答えがちです。特定の名前を挙げたところで、その理由を色々問われればボロが出るかもしれない。もっともらしい動機を説明しようとすれば、自分の本当の動機を説明するようでためらわれるものです。

核心的な質問をオープンクエスチョンで尋ねることで、「Ｙｅｓ・Ｎｏ」という素っ気ない答えでごまかすことを封じるという方法もあります。

たとえば、詐欺の証拠として帳簿の存在が重要だとします（特捜部の捜査ではこうした事例はとても多かった）。ところが帳簿の所在はまだ確認できておらず、それがあるという確証もない。

こういうとき、「帳簿はつけていましたか」というクローズドクエスチョンは避けたほうが得策です。「つけていません」と追及を封じられてしまうだけでなく、帳簿の存在が確認できていないことを相手に勘づかれてしまう。

そこで、「帳簿はどこにありますか」「誰が持っていますか」などと聞くのです。すでに「帳簿はある」ことを前提とすることで、相手の反応をより広くとることができます。実際にないのであれば、「帳簿って何ですか」という答えになるでしょうが、唐突に、そして単刀直入に尋ねられると、相手はつい「どこにあるかは分かりません」などと答え、帳簿の存在を認めてしまうのです。

「なぜ」と聞かずに根掘り葉掘り

「立ち小便にも理由がある」。これはかつてある先輩から教えてもらった教訓です。

一人の男性が、とある裏道の電信柱で立ち小便をしていたとします。

なぜその男性は立ち小便をしたのか？　実は最寄り駅から自宅までの道中、いつもとは違うすさまじい尿意を催したからでした。なぜいつも感じない尿意を感じたのか？　それはその前にお酒を大量に飲んでいたからです。なぜその場所で立ち小便をしたのか？　それはなるべく目立たないようにしようと、街灯が少なくて人通りもまばらな場所まで我慢していたからです。

この追及自体はくだらないことに思われるかもしれませんが、人が何らかの行為をするには、必ず理由や思考があるということを示しています。たとえ本能的、衝動的な行為でも、必ず背景や原因がある。それを丁寧に聞き出すことにより、話に具体性・迫真性がともなってくるのです。そしてもし、その話の中に嘘やごまかしがあれば、自然とそれがあぶり出されてきます。

もっとも、「なぜ」という言葉自体は「あたり」が強く、この言葉を使って聞き続けることは、相手を警戒させることもあります。理由を追及し続けるには聞き方を工夫しなくてはいけません。

殺人事件の被疑者には「彼をなぜ殺したのか」と聞くより、「彼がいなくなると、あなたの状況はどう変わるのか」と聞いてみる。前者の質問だと、「憎い」「邪魔だった」など、本人の残忍さが際立ち、自分の口から言い難いものです。一方で、後者のような聞き方をすれば、「ストレスがなくなる」「ほっとする」など、話しづらい事象を避けて尋ねることができる。その上で、「どのようなことにストレスを感じていたのか」「怖かったことは何か」などの具体的な質問に発展していくことで、最終的に「彼をなぜ殺したのか」というところまで話を進めることができるのです。

嘘をついている相手に対しても同じです。**ストレートに核心を尋ねるのではなく、心理的負担の少なそうな質問を数多く尋ねてみる**ほうが、事実関係を正確に把握することができます。たとえば仕事のミスを隠している部下に対して、「これはお前がミスしたんだろう」と問い詰めるのではなく、「この仕事は誰が関わっていたのか」「どうしてこの仕事を引き受けたのか」「この仕事をしているときは忙しかったのか」など、答えやすそうな背景情報を聞いていくのです。

嘘をついている人間でも、嘘の分量は少なくしたいと考えているので、答えやすい質問には真実を話すことが多い。こうして得た答えに不合理な部分や矛盾がないかを精査し、全体的な事実関係をあぶり出していくのです。

「筋が悪い」ところに嘘は潜む

嘘を見抜こうと夢中になっていると、相手の言葉遣いや態度などの細かな部分に意識が集中しがちですが、全体としての整合性や合理性こそが嘘を見抜く上での「核」となります。いくら説明がうまくても、常識的におかしい、社会通念とずれている、辻褄が合わない、非合理だという話には、嘘が介在している可能性が高いのです。

私はよく講演でこのような話をしています。

小春日和の秋の日に、牧場で牛が草を食べています。そこを職種の異なる三人、牛乳屋、肉屋、皮革屋が訪れたとします。目の前の牛を見て、三人はそれぞれ何を思い浮かべたでしょうか。普通に考えれば、牛乳屋は「うまい牛乳が取れそうだ」と思い、肉屋は「うまい肉が取れそうだ」と思い、皮革屋は「丈夫な革が取れそうだ」と思うでしょう。

このように、本人の属性、その場の状況、それまでの経緯や背景から合理的、常識的に説明がつく場合、私たちの世界では、事実認定において**「筋が良い」**と表現します。事実だと判断できる可能性が高いということです。

一方で、牛乳屋が「うまい肉が取れそうだ」と思い、肉屋が「丈夫な革が取れそうだ」と思い、皮革屋が「うまい牛乳が取れそうだ」と思ったと主張する場合、なぜそう思ったのかという理由や説明が必要です。それができない場合は、事実認定において**「筋が悪い」**ということになります。

もちろんこの世では、常識外のこと、非合理的なことが沢山起こります。ただし、そこには必ずそれなりの事情や背景があるはずなのです。牛乳屋なのにうまい肉が取れそうだと思ったのは、その時に極度の空腹であったのかもしれないし、親戚が肉屋だったのかもしれないし、かつて肉屋だったのかもしれないし、無類の肉好きだという可能性もある。

しかし、**論理的な説明のないまま不自然なことを主張する場合は、私たちは嘘が介在している可能性を疑わなくてはいけません**。

前述のように、大阪地検特捜部の検事が証拠のフロッピーディスクを改竄《かいざん》し、上司だった特捜部長と副部長はそれを知っていながら隠蔽したのではないかという事件がありました。

私がこの事件を聞いて頭をよぎったのが、まさにこの筋の話です。

まず、部下の検事は、供述の中で「データを書き換えて遊んでいるうちに、フロッピーの更新日時が変わってしまった」と主張していますが、検事が証拠品のデータを書き換えて遊ぶなどまずありえません。彼は「証拠品のデータが書き変わっていないか調べるために、更新日時を書き換えることのできるフリーソフトを自分で落とした」などとも説明していますが、そのソフトにはデータが書き変わっているかどうかを調べる機能はなく、それも合理的な説明とは言えません。

部長や副部長もまた、「部下から『フロッピーディスクを誤って書き換えてしまった』という報告を受け、それが事実だと信じ、証拠改竄だとは疑わなかった、だから『犯人隠避』したわけではない」と主張しました。しかし、特捜部の検事といえば、相手の言っていることは嘘ではないか、話をごまかしていないかと、年がら年中疑ってかかる仕事です。その部長や副部長ともあろう人が、部下の不自然な説明を百パーセント信じ切ってしまうということは、あまりに不自然ではないでしょうか。

実際の捜査でも、このような不自然な供述が結構あります。「えっ、そんなことってあるの?」「その説明は無理があるだろう」と思わずにはいられない。そして、そんな第一印象を抱いた話は、その後実際に被疑者の取調べを進めると、やはりその「えっ」

と思った箇所に嘘やごまかしがあることが頻繁にありました。

しかし、捜査官も人間です。既述のとおり、第一印象では率直な疑問を抱いていても、被疑者が真顔で何度も訴えることによって、そんなこともあるのかなと思ってしまい、そのままその点を放置してしまうことがあります。

不自然な説明、非論理的な主張をされた場合、必ずその理由や背景を丁寧に尋ねていく作業が必要です。その不自然さを埋める橋渡しができるまで、勝手な納得はせず、根気強く追及しなくてはいけません。

「同じ質問」では相手が凝り固まる

同じ質問を繰り返さないというのは、私が検事時代に特に気をつけていたことです。

たとえば「そのお金はあなたが渡したんですか？」という問いに「いいえ、私ではありません」と答えたとしましょう。ここで、「いやいや、あなたが渡したんでしょう？」と言っても、「だから私ではありませんって！」と頑なになるだけです。

繰り返し同じ質問をするということは、それが核心に迫る質問だとバラしているようなものです。相手もその質問を警戒し、口を閉ざしてしまう。しかも嘘を重ねていけばいくほど、「それは嘘でした」と言いづらくなり、真実を語るタイミングを逸してしまう。結果として自分がついた嘘に凝り固まることになるのです。

また、質問のたびに同じ答えを繰り返していくと、本人の中でも整理がつき、説明もうまくなって、話が固定化していきます。たとえそれが嘘だとしても、まるで本当に起こったことのようにすらすらと答えることができる。

だから同じ質問を繰り返してはいけないのです。それはまるで、嘘をわざわざ冷凍庫に入れて凍らせてしまうようなことです。

そこで、「この答えは嘘だな」と思っても、あえてその質問は繰り返さず、しばらく時間を置いてから尋ねてみたり、角度を変えて質問してみるのです。先ほどの例で言えば、「お金はあなたが渡したのか」という質問ではなく、「お金は誰が渡したと思うか」「その時間何をしていたか」「お金の受け渡しがあったことは知っていたのか」など、同じ事象を色々な角度から尋ねてみる。答えに微妙な違いや揺れ、矛盾がないかを観察し、その信用性を検証していくのです。

「やっていません」「違います」「私は関係ない」など、相手が否認の言葉を繰り返そうとするときは、「ちょっと待って。今あなたの弁解が正しいかどうかきちんと調べているから」などと言って答えを遮り、繰り返し嘘をつかせないようにします。「そうですか」と納得する姿勢を見せて、その場を流すのも手です。相手の口から嘘をつかせればつかせるほど、その嘘が固定化されてしまうからです。

同じ質問を執拗に繰り返し、容赦なく相手を追い込むのが検事のスタイルであるように思われがちですが、実際の取調べの様子を見たらずいぶん印象は違うかもしれません。

相手への「疑念」を見せない

いくら相手が嘘をついている可能性があるからといって、**相手への「疑念」を見せすぎると逆効果**です。もちろん検事というのは相手を疑っているからこそ取り調べているわけですが、それでも一度は、相手の主張をきちんと聞く姿勢を持たなくてはいけません。

当たり前のことのようですが、意外とそれが難しい。今ではさすがに少なくなりましたが、一昔前の検事というのは非常に強引で高圧的で、「お前がやったんだろう」と決めつけながら取調べを行なっていました。今でもテレビドラマなどではよく見る光景かもしれません。

しかし相手からすれば、はなから自分の言い分を全く聞こうとしない相手に、本当の事を話そうと思うはずがありません。「自分を犯人と決めつけている」「自分を処罰することだけを目的にしている」……そんな相手に対しては何を言ってもムダだと思い、心を閉ざしてしまうでしょう。侮辱されたり、貶《おとし》められたりするようなことがあれば、不要な敵意を持たれかねません。

嘘をつく方と見抜く方はそもそも敵対関係にありますが、だからこそ信頼関係を築くよう努力することが大切です。これは取調べに限らず、交渉、討論、議論など、嘘が飛び交う場でも同じでしょう。互いに自らの利益を主張する場ですから、本音を押し殺し、嘘や建前ばかりのやり取りが続くのは仕方ありません。それでも互いが少しでも信頼関係を築こうと努力し、相手の主張に少しでも向きあおうという姿勢がなければ、騙し合いが続くままです。

私は検事時代、相手のことを洗いざらい聞くのなら、自分もまた裸になる覚悟がなくてはと考えてきました。取調べの折には、自分の生まれ育った環境やプライベートの話、事件と何も関係のない世間話や個人的な考えなどをしょっちゅう話していました。それで直ちに信頼関係が築かれるというほど単純なものではありませんが、聞く・聞かれるの一方的な関係からフラットな立場の関係に少しでも近づけるように努めていました。

嘘を言わないで「カマ」をかける

どうも恋人が浮気しているようだが、証拠はない。「私以外の相手とデートしているのを見た人がいる」とカマをかけてみると、とうとう浮気を白状した……。こんな経験のある人は意外と多いでしょう。

カマをかける、はったりをかますということは、相手の「自白」を引き出す古典的な方法です。しかし日本の刑事司法や取調べにおいて、このような方法は禁じられています。嘘を使って引き出した供述は信用性が認められないのです。

プライベートにおいても、「カマかけ」や「はったり」で言ったことが単なる嘘だとバレれば、自分が窮地に追い込まれてしまうでしょう。そこで嘘を言わず、一種の「カマかけ」や「はったり」を行う方法をお教えしましょう。要は**「相手は自分が嘘をついている証拠を持っている。すでに確信を得ている」と勘違いさせればいい**のです。

私は取調中、机の上にある捜査の記録綴《つづ》りをペラペラとめくりながら、よく質問していました。わざわざめくらなくても記録のほとんどは事前に頭に入っているのですが、そうした動作をすることにより、捜査記録に犯人を表す情報や証拠がしっかりと記載されていると思い込ませる効果があります。時には、角度によってそのリストが目に入るようにし、証拠がすでに収集されていることを印象づけることもあります。これも「はったり」と言えば「はったり」でしょう。

証拠が弱いにもかかわらず、「証拠は十分だ」「自白しなくても起訴は間違いない」などと言うのは違反です。しかしあえて証拠が弱いことを言わず、それを悟られないようにして振る舞うというのは、ある意味「はったり」かも知れませんが、嘘を見抜く上では大切な態度だと思います。

相手に対し、**「嘘をついていること」を前提に質問する**という方法もあります。たとえば犯罪を否認している被疑者に対して「被害者に対しては今後どのようにしていきますか？」と聞いてしまうのも方法の一つです。もし犯人でなければ「何を言っているんですか、私はやっていません」というような答えが返ってきますが、犯人である場合、無言になったり、「このままでよいとは思っていません」などと答える可能性があります。

もちろんこのように聞くことは、相手が嘘をついていると言っているようなものなので、慎重さが求められます。客観的証拠などから嘘の可能性が極めて高いとき、そして相手が自由に回答できる状況でなくてはいけません。取調べでは必ず黙秘権があることを告げてからこのような質問をします。「答えない」という選択肢がなければ、冤罪を誘発する恐れがあるからです。

しかし、どのような形であれ、「はったり」は虚偽の自白を生む温床にもなり得るので、十分慎重にしなければなりません。被疑者が否認の態度を取り続ける以上、犯人ではないのかもしれないという視点を絶えず持つことが絶対に必要です。

「誘い水」で打ち明けやすい環境づくり

嘘を追及するだけが質問のやり方ではありません。本当のことを話しやすくしてあげる方法もまた、嘘を見抜く技術の一つです。

例えば、知事に賄賂を渡したという贈賄事件の場合、普通であれば「あなたは何らかの便宜を図ってもらおうと思って、知事にお金を渡したんですよね？」と尋ねることになる。しかし、核心に迫る重大な質問を突然投げかけられても、警戒した相手はこれになかなか答えてくれないでしょう。

そこでわざと相手の逃げ道となる質問をしてみます。「便宜を期待したのではなくて、政治活動を応援しようと献金しただけだという可能性はないの？」など、相手に都合のいい質問をするのです。

窮地に陥っていた被疑者は、渡りに船とばかりにこの質問に飛びつきます。「はい、そのとおりなんです」などと言ったら、そこで経緯や状況を細かく聞いていくのです。それが嘘である限り、喋れば喋るほどボロが出るものです。しかも「お金を渡した」という大筋をすでに認めてしまっているので、知らぬ存ぜぬというわけにもいきません。

他にも、「カッとなることはあるよね」「その状況は確かに苦しいよね」などと共感や理解を示して、言い訳を言わせてあげるのも手です。

このように、**相手が飛びつく優しい質問を投げることで、少しずつ真実を語らせ、最終的にはすっかり喋らせてしまう**というやり方が「誘い水」です。川を渡ることを怖がっていた相手の手を引いてあげることで、いつのまにか川を渡り切らせるという感覚でしょうか。

ただし、いくら「誘い水」だからといって、「賄賂じゃないって分かっていますよ」「殺しても仕方ないですよね」など、自分が嘘をついて相手を騙したり、犯罪を容認するようなことを言っては本末転倒です。

また、質問の内容によっては被害者や関係者を傷付ける可能性があります。取調べが全面可視化となれば、取調官も十分配慮しなくてはいけないでしょう、

【第5章　嘘を暴く質問とは】

・嘘をついたかどうか（評価）は、事実を明らかにしてから決める。
・自分の行動の理由や言い訳を話させるのではなく、あくまで事実を確認する。
・「言った・言わない」でモメないために、答えをこまめに「固定化」する。
・「オープンクエスチョン」で自発的に回答させ、弁解を封じ込める。
・ストレートに核心に迫るのではなく、心理的負担の少なそうな聞き方をする。
・非論理的で不自然な弁明は「筋が悪い」ので、嘘が介在している可能性が高い。
・「同じ質問」をし続けると、相手も意固地になって回答を変えない。
・直接カマをかけず、「嘘は既にバレている」と相手に勘違いさせる。
・相手が飛びつく優しい質問を投げ、少しずつ真実を語らせる。

第6章　難しい敵の攻略法

時には難しい相手と対峙することもあります。

何を尋ねても答えずに黙秘を貫く人、怒鳴る暴れるなど挑発的な態度を取る人、自分よりはるかに知識を持った専門家、そして天性のプロ詐欺師……。

いずれも普通のやり方ではなかなか嘘を見抜くことができません。私も検事時代、こうした手強《てごわ》い相手に苦しめられたことが何度もありました。

しかしどんな相手にも、嘘を見抜くための攻略点や心を開かせるきっかけがあります。注意深く相手を観察し、辛抱強く語りかけることで必ずそれが見つかるはずです。

「黙秘する人」にも耳がある

こちらが何を話してもまともに答えず、反応も薄く、「黙秘」を貫いてしまう……。そんな相手は「嘘反応」も見えなければ、質問の答えも得られないため、どうしたらいいかわからなくなってしまいます。

黙秘の背景には、何を言っても聞く耳を持ってくれないという不信感、嘘がバレてしまうという危機感、そして喋らないほうが有利だという戦略などがあると考えられます。

不信感や危機感を持っている人に対しては、一定の信頼感を作らなくてはなりません。相手は何も喋らないかもしれませんが、幸いこちらの声は聞こえています。そこで、**「相手には耳がある」ということを胸に、ひたすら話し続ける**のです。追及や詰問を重ねれば余計に心を閉ざしてしまうので、前述のように自分の話や思いなどを丁寧に話しかけ、自分の立場や人間性を理解してもらうように努めます。

当然、相手は、うんともすんともいってくれません。相づちも、もちろんありません。でも耳をふさがない限り、こちらが話した一言一言は、相手の耳に入り、心に到達するというものです。そして、心に到達した水がコップから溢れ出すのを待つのです。こうして水が満ち、こぼれだして話を始める人もいます。それは怒りの感情でも、嘆きの感情であってもいい。とにかく何かの感情が溢れ出して話をしてくれるのを待つのです。

これはビジネスやプライベートの場でも通じることだと思います。取引先の相手がこちらの提案に全く興味を示してくれない、子供に何を言っても聞く耳を持たない……。それでも向こうが眼と耳をふさがない限り、こちら側の言葉は必ず届いているはずです。繰り返し繰り返しアクションを続け、言葉を投げ続けることで、いつか向こうの心のコップを溢れさせることができるかもしれない。

どんな人にも感情があります。いくら固い意志を持っていても、感情は揺り動かされる。大勢の被疑者を取り調べてきた私の実感です。

挑発的な態度には絶対のらない

「何を言ってるかわかりません」「さてどうでしょうね」

こんなふうにしらを切られても、大事なことは平常心で冷静に質問を続けることです。

前述のとおり、嘘をついている人間はなんとか自分を守ろうと本能的にしらを切ります。平常心ではいられず、やむにやまれずそうしてしまう。あえて興奮させることで、こちらの理性を奪おうという狙いもあるでしょう。

そうした相手に対し、こちらも平常心を失って興奮すれば、それだけでこちらが負けです。**熱くならず、冷静に、淡々と質問や追及をしていく**ということが大切です。

腕組みをしながら挑発的な態度をとってきた被疑者に対し、腕組みを外してまじめに答えるように言ったところ、いきなり怒鳴ってきたことがありました。しかし、こちらが乗せられて言い合いをしたところで始まりません。「腕組みしていたいというのならそれで構いませんが」と冷静に言うと、少し時を置いて、被疑者が「先程は興奮してすみませんでした」と謝ってきました。

逮捕することを告げると、いきなり興奮して机をぶん投げようとしてきた被疑者もいましたが、あくまで冷静に対応したことで、その後信頼関係を築き、当時まだ明らかでなかった重大な犯罪事実まで自白するに至ったこともありました。

しかし、相手の態度に乗っかり、自分まで興奮してしまっては、怒りの応酬になってしまいます。一九九三年頃、検事が取調中の相手に暴力を振るい、怪我をさせるという事件が発生しました。それまで取調べをする側だった検事が、事件後に手錠をかけられて被疑者側の席に座っているのを見た衝撃は今でも忘れられません。

被疑者などが取調べで検事の言うとおりに供述せず、しらを切ったからといって暴行を働くなどもってのほかですが、この検事は、相手が本能的に自分を守ろうとして、しらを切るなど挑発的な態度を取ってしまうことを知らなかったのでしょう。取調べによって相手の人生を多少なりとも左右する立場の人間は、被疑者の心理や嘘の特性を学ぼうという真摯《しんし》な姿勢を持ち続けなくてはいけないと思います。

「専門家」は万能ではない

専門家が相手だと、相手の言うことが全て正しいように感じてしまいます。しかし専門家の権威に踊らされず、嘘が混じっていないかと疑う気持ちが無ければ、専門的な知識に圧倒され、丸め込まれてしまう危険があります。

専門家といっても、その分野全てに精通しているわけではありません。たとえば法律家と聞けば、法律のことは相当頭に入っていると思えるかもしれません。でも、それは大きな誤解です。実は、法律家といっても知らない法律が数え切れないくらいあるのです。むしろ聞いたことがある法律よりも聞いたことがないような法律が数多くあります。

私は、「訟務検事《しょうむ》」という職に就いていたことがあります。訟務検事というのは、各省庁が国民から訴えられた時などに、大臣等に代わって省庁の主張を裁判で述べる立場（省庁の弁護人的職務）の検事のことです。その時私が驚いたことは、自分が知らない専門の法令が世の中にたくさんあるということでした。

つまり、専門家といえども分野の隅々まで知っているわけではないのです。ほんの一握りの、非常に狭い分野の知識を有しているに過ぎない人が多い。この事実を意識することが大事です。

専門家は、ともすると自説にこだわり、それ以外の考え方を軽視する傾向があります。それでも専門家から批判や指摘を受ければ、素人が太刀打ちするのはなかなか難しい。専門家の意見をその場でねじ伏せようとすることは、そもそも無理な話です。そこで、色々な説が存在しているという事実や、物事の評価や判断というのは多面的なものであるということを自覚させることから始めてみましょう。

たとえば素人の立場を利用して、**「反対の立場ではどういう見方が可能なのでしょうか」などと尋ね、自説と異なる意見を相手の口から言わせる**。自ずと専門家の自説の弱点や問題点も浮き彫りにすることができます。

また、専門家の中には、具体的な言及を避け、一般論で話をごまかそうとする人がいます。ニュースなどを見ていても、「今回の問題の原因はどこにあると考えますか」という問いに、「一般的には～ということが言われています」と答えたり、「そもそもこういう問題を考える前に……」などと話をすり替えたりする人がいるでしょう。

本人は嘘をついているつもりはないのでしょうが、このような専門家の意見に振り回されると真実からずれてしまう可能性があります。**「ご自身はどう思われますか」「今回の事例についてはどうですか」などと限定的に問い直してみる**のです。もしあやふやな答えしか返ってこない場合は信用しないほうがいいでしょう。

実力のある専門家ほど「実は情報を持ち合わせていない」と答えるものです。確固たる評価や実績があれば、分からないことを分からないと言っても評価を下げることがないからです。

逆に、中途半場な専門家は、自分への評価を下げることを恐れ、自説にこだわりがちです。あたかも自信があるような誇張・ごまかしが混入してくるのです。専門家であるというプライドが邪魔して自己修正が難しく、一度述べた自分の意見に何としても固執するという恐れがあるため要注意です。

専門家に対する裁判での証人尋問でも、まずはその専門家が本当に研究している分野や研究実績などを明らかにします。当該事例に関しては権威者ではないということを明らかにすることで、裁判官に「証言の信用性を吟味して下さい」というシグナルを送るためです。

「女性」はやはり嘘がうまい

あくまで全体的な傾向の話ですし、個人差もありますが、昔から私たちの世界では、「女性の被疑者を取り調べることは難しい」と言われてきました。

一つは、**理屈が通りにくい傾向**があることです。こちらが論理立てて説明し、証拠まで示しても、そこで観念するということがあまりない。「私はわかりません」「そんなことなないです」「知りません」と言って聞く耳を持たないことが多い。また、一度否認をするとそれに固執し、なかなか本当の事を話してくれないのです。深く問い詰めても、涙を流したり、「もういいです」などと言ったりして、論理的に説明せず心を閉ざしてしまう。

女性の気持ちを上手くつかむには、互いの相性も重要です。相手が変わった途端、それまで口を閉ざしていた女性が、すんなりと供述したということは少なくありませんでした。**信用できる、好感を持てる、波長が合うという、感情的な要素が大きなポイントになる**ように思います。

このような傾向は、女性と喧嘩したことのある男性なら誰でも少しは思い当たるフシがあるでしょう。

そもそも、第4章でも書いたとおり、女性は男性より嘘をつくのがうまい傾向にあります。一般的には、嘘をつく時に相手の目を見づらいものですが、女性は嘘をつく時でも、相手と目を合わせながら話すことが自然とできる人が多い。女性が連続して複数の男性からお金を詐取する事件が時折発生しますが、これも男性が女性に騙されやすいことの表れだと考えられます。

また女性の方が人の服装や顔の表情を観察する能力が高いと思います。

感情を出さなければ誰でも嘘がつける？

嘘をついても感情を表に出さない相手は、やはり嘘を見抜くのが難しいことがあります。

詐欺などの頭脳的犯罪者や、犯罪組織の一員、前科を重ねている人などは、嘘をつくことや自分をコントロールすることに慣れている。そういう相手は、嘘をついても、感情の起伏が少なく、むしろこちらを観察しているようなところがあります。

特に司法修習生が取調べに当たると、わざと嘘をついてこちらの出方を見たり、どこまでこちらが分かっているかを探ったりする。こちらが追及すれば「そんなこと言ったかなぁ」などとしらを切るのです。

一方で、殺人や強盗などの激情的犯罪の犯人は嘘が下手な傾向にあります。皆さんの中には、悪質な犯罪の犯人ほど嘘をつくというイメージがあるかもしれませんが、自らの感情をコントロールできずに犯罪をおかしてしまうような人は、やはり嘘をつくときも感情をコントロールできず、表情や行動に出てしまうのです。

逆に、感情さえうまくコントロールできれば、嘘をつくことは案外簡単なのかもしれません。

というのも、私は司法研修所（裁判官・検事・弁護士になる前の研修生の研修場所）や法務総合研究所（検事や検察事務官の研修場所）で教官を務めてきたので、研修のための模擬裁判を数多く指導してきました。また、裁判員制度が開始される直前には、多くの模擬裁判を傍聴しました。そしてこの模擬裁判を見るにつけ、「誰でもまことしやかに嘘がつける」ことを強く実感したのです。

これらの模擬裁判における証人役、被告人役は、実際に体験もしていないこと、つまり「真っ赤な嘘」を口にします。ところが、みな実に嘘がうまい。実際の裁判でこれをやられたら、嘘だと見抜けないかもしれないと自信をなくすほど上手なのです。

なぜか。それは模擬裁判の場合、筋書き自体には矛盾がなく、演技者も感情をいれずに淡々と証言するため、「嘘が嘘として感じられない」のです。実際の法廷でも、感情が見えづらい証言は嘘であると判断しにくい面があるのですが、模擬裁判はまさにその典型例といえるでしょう。

つまり、たとえ素人の演技でも、**感情を表さなければ嘘をつき通すことは可能**だということなのです。

もしあなたが嘘をつかなくてはいけない状況になったら、感情や表現を小さくして冷静を保ち、常にポーカーフェースを装いましょう。特に、態度に「ムラ」を作らず、最初から最後まで同じ調子であれば、違和感を与えることなく嘘をつき続けることができるかもしれません。

ただし、いざ自分の嘘がバレるかもしれないと思うと、生身の人間が感情を抑えることは至難の業《わざ》です。実際の裁判では、模擬裁判と違って嘘を見抜くヒントが散在しています。

真偽をおりまぜた嘘はバレにくい

ここでもう一つ、私達にとって見抜くのが難しい嘘の例をご紹介しましょう。言い換えれば、「バレにくい嘘」ということになります。

とある被疑者は、覚せい剤反応が尿から検出されたため、覚せい剤の使用で逮捕されました。しかし彼は、

「三日前に新宿を歩いている際に売春婦から声を掛けられ、近くのホテルに入った。その女性とセックスする際に女性器をなめたところ、異様な味がした。後から女性に聞くと『ハイになるための薬を塗った』と言っていた。このときに覚せい剤をついうっかりなめてしまったのだと思う。売春婦の名前や連絡先はわからない」

という弁解をしました（これと似たような事件は実際に起きています）。

まるで作り話のようですが、全て嘘かというとそうではない。被疑者が女性に声をかけられるところ、ホテルに女性と入るところなどは、近くの防犯カメラで裏が取れたのです。

一方で、相手の女性が分からない以上、本当に女性が覚せい剤を女性器に塗ったのか、そして被疑者はそれを知らないままなめたのか、証言を得て確かめることができません。被疑者が女性に覚せい剤を渡して二人で使用した可能性も十分に考えられますし、覚せ

い剤が塗ってあることを知ってなめた可能性だってありえますが、なにせ密室のことなので証拠がありません。

実は、このように**話に真偽がまざりあっている場合、どこまでが真実でどこからが嘘なのか判別をしにくい**ので、起訴できない可能性が高いのです。

逆に「一切覚せい剤など使ったことはない」と全面否認すれば、尿から覚せい剤反応が検出されている事実だけで起訴することが可能です。「被疑者の供述は全面的に嘘である」と判断されるからです。

皆さんからすると、ストーリーを完璧に組み立てた嘘のほうがバレにくいように思われるかもしれません。しかし、矛盾がないよう綿密に準備を重ね、様々な質問を想定したとしても、すべてに破綻のない嘘をつくのはとてもむずかしいものです。一つに綻びが出れば、全て崩れてしまう可能性がある。また、話が矛盾していないかに不安になることで、「態度の嘘反応」が出てしまう。それを隠すための演技も必要になってきます。

しかし、真実と嘘をおりまぜれば、何が本当か嘘かわからなくなる。特に、証明できる部分は真実を述べ、証明できない部分に虚偽をまぜれば、煙《けむ》にまくことができるという訳です。さらにこの手の嘘は、最初から最後まで嘘をつくより罪悪感が比較的弱く、「嘘反応」も出にくいのです。

この知識を「悪用」してもらっては困りますが、覚えておくとどこかで役立つことがあるかもしれません。

プロ詐欺師のリアルすぎる話

検事の時代、何度も詐欺事件を調べてきました。中には、巨額のお金を巻き上げた詐欺師、天才的に嘘のうまい詐欺師など、いわゆる「プロ詐欺師」がいました。

そういう人の嘘は、取り調べているこちらが思わず騙されそうになるほど、実にリアルなものでした。嘘だと分かっているのに、一つ一つの話がとても具体的で、ついその話に納得してしまうのです。

一九九四年、巨額詐欺事件が発生し、その詐欺犯を取り調べたことがありました。その詐欺犯は、信用組合の副支店長と共謀し、偽札が詰まったジュラルミンケースを預けることで虚偽の入金記録を作成し、総額二十九億円を詐取しました。ケースに詰められていた札束は、一番上と一番下だけが本物の一万円札で、あとは似た色の紙束や、米粒や紙くずなどを詰めたものが入っているだけでした。

そんなことで騙されるのかと驚くほど鮮やかで大胆な手口に、世間では大いに関心を呼び、新聞や写真誌などで大きく取り上げられました。しかし人は、こういった突拍子もない大胆な嘘にこそ騙されるものです。

私はこの詐欺師の取調べを担当しましたが、喋っていてもとても楽しく、人に愛される可愛らしさを持っている人でした。すでに年齢は四十歳くらいでしたが、私のことは「友達」の意味で「友」と呼んで慕ってくれました。

彼の嘘のうまいところは、**すぐに確認できてしまうことについては嘘をつかないけれど、確かめようのないことについては、まるで本当に起こったことのように細かく嘘がつける**ことでした。

たとえば彼の経歴を尋ねると、一時、子供向けの絵を描く画家をしていたというのです。きっと嘘だろうと思って絵を描いてくれと言うと、本当にうまい。取調中に何枚も私の似顔絵などを描いてくれましたが、今でも忘れられないほどうまいのです。こちらが確認できる範疇のことに限って言えば、嘘がないのです。

途中から彼は自白に転じ、自らの詐欺を語り始めます。しかし、そういう時も不思議と悪意のようなものは見えませんでした。「みんななぜか簡単に騙されちゃうんだよね」という口ぶりなのです。悪びれた様子はなく、実に堂々としたものでした。

彼は結局有罪となり、刑務所に収監されましたが、出所後に私に連絡をしてきたので、一度会う機会がありました。「もう二度と詐欺はしない」「大きな事業を始めようとしている」などと言っていました。

彼のように嘘がうまい人は意外と身近に潜んでいるのかもしれません。ただ、誰にも疑われていないだけで。

【第6章　難しい敵の攻略法】

・黙秘する人にも耳と心があるので、ひたすら話しかけて感情が溢れ出すのを待つ。
・挑発的な態度を取られても冷静に対処すれば、相手も冷静になる。
・専門家には素人の立場から意見を仰ぎ、自説以外の意見も言わせ、自説の弱点を浮き彫りにする。
・女性の被疑者は理屈が通りにくく、相性や信頼感など感情的な要素が大きなポイントになる。
・感情さえ態度に表れなければ、素人でも嘘をつき通せる。
・真偽がまざりあった嘘は、真実と嘘の境界が曖昧なのでバレにくい。
・プロ詐欺師は確かめようのないことを、とてもリアルに語ることができる。

第7章　自ら真実を語らせるには

いくら嘘を見抜いたとしても、相手がそれを認めずに嘘をつき続ける限り、その嘘が「確定した」とは言えません。相手が嘘を認め、本当のことを語りはじめた時、ようやく真実は明らかになるのです。

もちろん自白をするというのは、嘘をついていた人にとって大きな決断です。また、日常生活の中では、そこまで相手を追い込む必要がない場面が多いかもしれません。とはいえ、やはり嘘を嘘だと認め、真実を話し始めた後の方が、色んな物事は解決し、話もスムーズにいくはずです。

そこでここでは、**嘘であることを認め、真実を語らせる、つまり「自白させる」方法**を考えていきます。

自白は「心の天秤」が傾くこと

私の中での「自白」のイメージは「**心の天秤**」です。
嘘をついている人間は、嘘を認めれば周囲からの非難や糾弾を受けます。被疑者であれば処罰が待っている。基本的に、自白は自分にとって不利なことです。だから自白しない。

この心境を天秤にたとえれば、「自白しよう」より「自白しない」という方に重い分銅を載せている状態です。

しかし、嘘を続けていくうちに、状況や感情の変化が起こります。嘘はもうバレている。嘘をつき続けているのが辛い。そう考える内に、天秤が徐々に「自白しよう」という方へ傾きかけていく。

そして天秤の傾きが左右逆転します。その逆転が「自白」という形となって現れるのです。私も、被疑者の心の天秤の傾きは今どのあたりかなとよく思いながら取調べをしていました。

もっとも、被疑者の自白への天秤の傾きは不安定で、一時的なことがあります。取調べでは自白を得たのに、裁判では否認に転じたということを、数え切れないほど知っています。自白というものが、天秤の微妙な傾きによってなされるものだと考えれば、いつでもその傾きが元に戻る可能性はあるということです。

犯人が防御本能から嘘をつくように、自白の覆しもまた本能がさせていることなのかもしれません。その自白の様を、私は「熱病」のようなものだと捉えていました。熱がどんどん高くなって、被疑者の中で「自白しよう」という思いが沸点に達すると、天秤が逆転して自白を始める。しかし、やがて熱が冷めてしまい、天秤の傾きがまた元に戻って自白を覆したり嘘をつき始める人も中にはいました。

「自白」などという言葉は、刑事事件において被疑者が犯罪事実を認めることなので、日常ではなかなか使わない言葉でしょうが、「嘘をやめて真実を語る」という意味では、皆さんも似たような心の変化を体感したことがあるのではないでしょうか。

自白に転じるきっかけを見極める

天秤の傾きが逆転する理由の一つは**「嘘をついている方が不利だ」**と考えることです。証拠や証言があって、嘘をついていることが明々白々な状況である。嘘をつき続ければ、社会的信用を失ってしまう。嘘をついていると認め、反省の情を示した方が、処罰やダメージが軽くてすむ。そう考えて自白に転じるのです。

もう一つは**「嘘をついていることが辛い」**と思うことです。多くの人にとって、嘘をつくことは気がとがめるもので、心に負担がかかっています。良心の呵責《かしゃく》に苛《さいな》まれて嘘をつき続けることが苦痛になり、それから解放されたくなった。自白して謝罪することで罪滅ぼしがしたい。そういった心境から、真実を話し始める人もいます。

とはいえ、人によって天秤が逆転するきっかけは実に様々です。

かつて私が取り調べていた窃盗罪の被疑者に、否認を主張し、取調べでは黙秘を貫き、さらにハンガーストライキまでしていた者がいました。彼は電気工事士の格好をしてデパートの更衣室で盗みを行うなど、「変装」による窃盗を繰り返していたのです。一切何も喋らないので途方に暮れていましたが、ある時彼が仏教を信じていることが分かりました。そこで私は図書館に行って仏教説話に当たると、「金のかま」という話に出会ったのです。

大泥棒が金のかまを盗むために、修行僧になりすまして寺に忍び込む。ところが盗む機会を窺《うかが》いながら修行を続けているとき、「悪い行いは悪い報いをもたらす」という僧侶の説法を聞いて、自らの行いを改めようと改心。その後は修行を重ね、やがて立派な僧になり、自らを変えるきっかけを生んだ金のかまに感謝するようになったという話です。

この話のコピーを被疑者の前に置いたところ、彼が涙をこぼしたのです。自らにそっくりな泥棒の説話を読んだ彼は、すでに自分の嘘がバレていること、そしてやり直しがきくということを実感し、それを機に罪を自白して、余罪まで告白するに至りました。

聞けば彼がかつて取調べを受けた時、警察や検察が自分の話に聞く耳を全く持たず、自分が犯人だとはなから決めつけられた経験があり、取調べそのものに不信感を持っていたために、今回のハンストに至っていたこともわかりました。

相手の心を開かせるには、人間としての温かみや心の触れ合いが必要なのだと、この一件を通じて実感しました。

嘘の種類によって自白の説得は異なる

第1章で述べた嘘の種類によっても、自白への説得方法は変わってきます。

まず、「防御」のためについてしまう嘘。このような嘘に対しては、**嘘をつき続けるほうが失うものが多いことをきちんと説明する**ことです。重罰や制裁を避けるためなのでしょうが、すでに嘘が明らかになりつつある段階では、さらに信用を失い、より大きなダメージを負うことがあります。そもそも確固たる信念があって嘘をついているのではなく、本能的な防御反応でついてしまった嘘も多い。そこで冷静で合理的な判断をするよう説得するのです。

次に、自分を大きく見せようとする「背伸びの嘘」。これは**等身大の姿に戻れるよう、あたたかい空気を作る**ことが大事です。成果を誇張したり見栄を張ったりしていることに対し、「それはちょっと言い過ぎだよね」などと冗談めいて突っ込みをいれる。こうした雰囲気が作れれば、相手も「そうですね、ちょっと言い過ぎました」と折れてくれることがあります。こちらもそれを茶化すことや糾弾することなく、「実際のところはどうだったの？」と真摯《しんし》に尋ねれば、相手のプライドを余計に傷つけることもなくなります。

「他人を陥れるための嘘」をつく人の場合、騙すことによってメリットが得られないと分かれば、その嘘からすぐに撤退するという特徴があります。そこで、**「嘘はすでにバレている」と分からせれば、「それなら仕方がない」と比較的簡単に認める**ことが多いのです。

これは詐欺師を撃退するときにも使えます。以前、私のもとに架空請求の請求書が来たことがありました。その請求書に書かれた電話番号に電話をかけると、相手が「あなたはお金を払う必要がある」などと滔々《とうとう》と嘘を話すので、「私は検察庁に勤める検事です。全く身に覚えがない話なのですが、これは架空請求ではありませんか」と言うと、あっという間に電話が切れました。向こうとしては、すでに架空請求とバレている相手（しかも検事が相手）では、詐欺に引っ掛けようがないので、嘘を続けても意味がないと判断したのでしょう。

やや難しいのは、自分ではなく他人や組織を守るための「擁護の嘘」です。本人とのつながりが強固であるほど嘘を崩すのは難しくなってきますが、逆に**人間関係が脆《もろ》く複雑であれば、その点を突くと嘘が崩れる**可能性があります。

秘書が政治家を、部下が上司をかばうとき、全幅の信頼と尊敬があれば裏切ることはありません。しかし、実は腹にわだかまりを抱えていたり、また政治家などがすでに権力を失いつつあれば、その関係が崩れることも少なくない。そこで一度「天秤の傾き」が逆転すると、堰《せき》を切ったように犯罪の関与を供述したり、日頃の不満をぶつけてきたりします。

また、その忠義や人間関係と、社会的道徳や人間としての規範と、どちらが大切かを天秤にかけさせてみるのも手です。二〇〇四年に起きた日歯連事件では、大物の起訴につながった決め手の一つに、ある政治家秘書の供述がありました。なぜ秘書は、政治家やその関係者が不利になるような供述をしたのか。それは、当時取調べに当たった検察官が「これまで政治家が事件を起こすたび、秘書に責任がかぶせられてきた。こんなことを今後もずっと続けていっていいのか。秘書の価値や地位をこのあたりできちんと取り戻すべきじゃないか。秘書に押し付ければいいという時代は終わりにしよう」という旨《むね》を話したことで、秘書の心が動いたのです。

同じように、上司や組織との関係性に縛られている人には、「今置かれた状況は確かに辛いし、板挟みだと思うけれど、結局最後のよりどころとして自分を助けてくれるのは真実だと思う」という説得もできるでしょう。現況から目を転じさせ、しがらみから解放してあげることができるかもしれません。

客観的証拠を集めて説得する

「物《ブツ》は語る」。人間の供述は嘘をつくけれども、証拠物は真実を語るという意味です。私の持論であり、捜査のモットーでもありました。検事時代は部下にもこれをしょっちゅう教えていたように思います。

かつて東京地検特捜部で、ゼネコン各社と茨城県知事による大規模な贈収賄事件の捜査をしたことがあります。その捜査員だった私は、一人のゼネコン社員の手帳を仔細に調べていました。どでかい拡大鏡で隅々まで調べたり、太陽光や蛍光灯にかざしたり。

すると、「消された文字の跡」を発見したのです。鉛筆かなにかで書いた文字の筆圧だけが手帳に残っていた。それを読み解くと、そこにはまさに賄賂を贈った県知事のイニシャルと賄賂の金額が書かれていたのです。こうした物的証拠も決め手の一つとなり、県知事はじめゼネコン各社の幹部たちが起訴されました。

第5章で紹介した「なだしお事件」でも、航海日誌を書いていた担当者が改竄を自白するに至った「最後の決め手」は、私が彼に告げた「物は語る」という言葉だったのです。航海日誌をじっくり観察すると、明らかに不自然な箇所があり、切り取った跡のようなものも残っていた。そこで私は航海日誌を横に置いて、「物は語る」という言葉を告げたのです。彼は後に調書の中で、自白に至った経緯を「検事さんに呼ばれ、『物は語る』という文章を見せられ、もはや隠し通すことはできないと思い始めました」と説明しています。

このように、**客観的な証拠は相手に大きなインパクトを与え、観念するきっかけをつくります**。こちらが嘘を見抜いていることを相手がはっきりと悟れば、その後真実を語ってくれる可能性も高い。下手な説得や追及よりもよっぽど効果があると言えます。

その威力があるだけに、証拠の取扱いには細心の注意が求められます。押収した証拠品を緻密に調べ、そこから証拠を見つけ出すことを「物《ブツ》読み」といいます。これを根気よく慎重に行わなければ、犯罪の裏付けや裁判の維持が難しくなるだけでなく、無実の人を冤罪に巻き込む恐れがあるのです。

自白には冤罪の可能性も

事実、自白の強要が冤罪を生む大きな原因となっています。

犯罪をおかしていないにもかかわらず、なぜ「自分がやった」などと嘘を言うのか。何の得もない上、逆に罪に問われてしまうのに、どうしてそんな嘘をつくのか。よくそんな質問を受けます。

全く無実の罪を認めるというのは極端な例ですが、事実とは異なる見立てについ同意してしまうというのはよくあることです。取調官と長い時間を一緒に過ごしたことで**情が移り、その人のためになりたいと迎合する**。また、強引な取調べ、長期の拘束によって、**心の余裕をなくしてしまい、厳しい状況から脱したいと思う**。そういう思いが働き、相手の見立てについ同意してしまい、結果として嘘の自白が生まれていくのです。

とりわけ子供や青少年、知的水準に問題がある人などの場合、優しくされたい、難しいことを考えたくないといった「心の安らぎ」を強く求めてしまう傾向にあります。そのため、取調官の誘導に迎合し、結果的に嘘の自白をしてしまうという事例が多々あるのです。

冤罪が生まれる背景には、取調官や裁判官の意識にも問題があります。

取調官は、相手の自白を引き出すことができるとひとまず安心してしまい、その自白が本当に事実かどうかをきちんと確かめたり疑ったりすることを疎《おろそ》かにする傾向があります。特に最初は否認していた相手がその発言を翻せば、「ついに本当のことを言った」と信じきってしまう。「被疑者や被告人は、最初は嘘をつくものだ」という取調官や裁判官の強い思い込みが、更にこれに拍車をかけます。

自白を引き出すときこそ、犯人に間違いないという確信と、冤罪かもしれないという正反対の懸念の、両方を持ち続けなくてはいけないのです。

【第7章　自ら真実を語らせるには】

・嘘をつくことが「不利」「辛い」と感じた時、「心の天秤」の傾きが逆転する。
・「防御の嘘」には、嘘をつき続けているほうが失うものが大きいと伝える。
・「背伸びの嘘」には、等身大の自分に戻れるような雰囲気を作る。
・「欺瞞の嘘」には、すでに嘘がバレていることを伝える。
・「擁護の嘘」には、人間関係が脆くなったところを突く。
・客観的証拠によるインパクトで相手を観念させる。
・心の安らぎを求めて自白することもあるので、冤罪の温床とならないように注意する。

第8章　人は気づかぬうちに嘘をつく

いったい何が本当なのか。そこで何が起きたのか。真実を明らかにする上で欠かせないのが「供述」や「証言」です。

しかしこれまで述べてきたとおり、供述や証言には沢山の嘘が含まれています。悪意や自己防衛などからわざとつく嘘もあれば、**勘違いや誤解からくる「無自覚の嘘」**もあります。

「無自覚の嘘」というのは、人間の記憶・認識と大きく関わります。私は検事の仕事を続けていくほど、人間の記憶・認識はなんて当てにならないんだろうと強く思うようになりました。そこでこの章では、人がいかに「無自覚の嘘」をついてしまうかに迫りたいと思います。

目撃証言はどれほど信用できるか

いくら嘘が多分に含まれるといっても、被疑者の供述というものは元々信用性が低く、疑いの目を向けられているものなので、内容は注意深くチェックされ、真偽は慎重に精査されます。危ういのは第三者の証言です。第三者であれば嘘はつかず、客観的な真実を述べているだろうという思い込みがどこかにあるからです。

私がまだ司法修習生の時のことです。当時、私は検察の実務研修を受けていて、ある強制わいせつ事件の公判に立ち会いました。

この事件というのは、公園のトイレで小学校低学年の女子がいたずらをされたというものです。犯行後、犯人が公園から走って逃げる際に、複数の目撃者に後ろ姿と横顔を目撃されました。

事件後数日して、被害女子は通学する小学校の運動会に参加します。その会場で彼女は、見に来ていた男性の一人を指して「あっ、犯人のおじさんだ」と言い始めました。男性は自分の娘がこの小学校に通っていたので、運動会を見に来ていたのです。被害女子の発言をきっかけに、その男性は逮捕されました。

結局、男性は地方裁判所で有罪となり、最高裁判所まで不服を申し立てたものの、有罪が確定しました。女子が直接男性を指したことに加え、走り去るところを目撃したという人が「目撃したのは被告人に間違いない」と証言したことも決め手の一つだったのです。

しかし、その裁判の経緯を見ていくほど、冤罪ではないかという疑念が湧き上がって来ました。ポイントは二点あります。

一つは、子供の目撃証言が本当に信用できるかということ。

小学校低学年の女子の記憶や認識はどこまで信用できるものなのでしょうか。たまたま運動会に来ていた大勢の大人の中から、似ている人を見つけてしまったということはないでしょうか。

もう一つは、走っていく男の姿を一瞬見ただけの証言が本当に信用できるかということ。目撃者は逃げていく犯人の後ろ姿や横顔を一瞥《いちべつ》しただけでした。またその時の認識は、「わいせつ犯の犯人」ではなく、「公園をただ走っていた人」としての記憶です。そのような記憶で、「走っていた男は被告人に間違いない」と断言できるものでしょうか。

実は、被告人の担当弁護士が興信所を使って調査すると、犯行現場近くに被告人とよく似た風貌を有する男が住んでいることが分かりました。坊主頭、くりくりした目など特徴的な部分が似ていたのです。さらに彼にはわいせつ関連の前歴があることまで判明しました。弁護士は隠しカメラでその人を撮影し、証人にその写真を見せながらの証言を求めましたが、結局認められませんでした。

この事件で、人間の記憶・認識に基づいた証言の危うさ、また権威（裁判所）のもとで一度証言すると撤回しづらいことなどを痛切に実感しました。その後、検事として法曹の世界に入った私は、人間の供述や証言の信用性にかかる問題点をライフワークとして学ぶようになったのです。

「あの人とあの人は同じ人」の不確実さ

「目撃した人と目の前の人は同じ人です」というように、「人の同一性」を証明する証言や供述は、犯罪立証にきわめて重要な意味を持ちます。だからこそ慎重に行わなくてはならない。

しかし、この**「人の同一性」はきわめて脆《もろ》く危うい**ものです。その危険性を問うた、有名な事件があります。

一九八四年九月、車に取り付けてあった時限式火炎放射器によって自民党本部が放火され、七ヶ月後に「犯人」としてある男性Ａが逮捕されます。火炎放射器の部品を販売する店の店員が、「犯人らしき人に部品を売った」と証言したことが決め手でした。

しかし、捜査員がこの店員に初めて接触したのは、事件から四ヶ月、「犯人らしき人」が店に来てからすでに半年近くが経っていました。店員も最初は「覚えていない」と答えていましたが、大量の写真から「見たことのある人を何人でも選べ」と命じられ、その内の一人としてＡを選ぶことになります。その後、店員は事情聴取を受け、取調室で直接Ａを確認する「面通し」を経て、とうとうＡは逮捕されるに至ります。さらに、店員は法廷でＡと対峙しますが、ここでも「全体的に似ている」という証言を繰り返しました。

このように目撃者に犯人を特定させる捜査を「面割り捜査」（面通し）と呼びます。

本来なら、似たような人相の十数人の顔写真から、「あなたが目撃した人はどの人ですか」と尋ね、写真を抜き出してもらいます。さらに正確を期すなら、最初はその顔写真の中に犯人の写真を入れず、目撃者が「この中にいない」と証言できるかを試すなどの工夫をしてもいい。しかし、Aの捜査では、「見たことのある人を何人でも選んでいい」という、極めて間違いの生まれやすい方法でした。

目撃者の立場としても、一度「その人を見た」と証言してしまうと、後から「実はあまり覚えていない」と言い出しにくいということがあります。警察に呼ばれて「面割り」をするとなれば「この写真の中から選ばなくちゃ」という気になる。さらに証人として裁判に呼ばれれば、もう後には引けなくなってしまうのです。

これは科学的にも証明されています。この事例を受け、心理学の専門家が同様のシチュエーションを作り出して実験をしたところ、ほとんどの店員は客をおぼろげにしか覚えておらず、正確に写真を選び出せた人は僅か九パーセントでした（仲真紀子「目撃証言の信頼性に関わる要因：シミュレーション実験によるアプローチ」、基礎心理学研究第16巻第2号、一九九八）。

しかし、証言を迫られることは、決して特殊なケースではありません。普通に暮らしていても、ある日突然、何かの目撃者になるのです。

多くの人は「人の顔は忘れないもの」という思い込みを持っていますが、決してそんなことはない。その時に「覚えていない」と正直に認められる勇気も必要です。

Aも結局、目撃証言の不確実性などから無罪となりました。

人間の認知能力はこんなに低い

このように、一つの事件を立証するにあたっては、大勢の関係者を取り調べ、数多くの証言を精査していかなくてはいけません。これを繰り返していると、自ずと人の記憶や認識には、どういった特徴があるのかが見えてくるようになります。

事故や事件の調べをしていると、**人は「距離」「時間」「速度」「色彩」の記憶が非常に弱い**ことに気付かされました。

私たちは普段、時計や速度計などでこれらを認知しているので、感覚だけで判断する機会がほとんどありません。色は環境や明るさによって大きく見え方が変わることにも無自覚です。

結局、こうした認知は主観に大きく左右されてしまうのです。車両に監禁されて拉致された被害者は、たいてい実際の監禁時間や移動距離よりも長かったと証言しますし、正面から進行してきた車に関して、その速度や色を正確に答えられる者はほとんどいないのです。

また、**人は「日常と非日常」を区別して記憶するのが苦手**です。たとえば三ヶ月前の旅行の記憶はしっかり覚えていても、一週間前の夕飯で何を食べたかは覚えていない。このように日常事項は記憶に残りづらく、忘れてしまっている方が普通です。人に話を聞く場合は、日常的な部分を細かく尋ねるのではなく、比較的思い出しやすい非日常的な要素を重点的に聞くことで、密度の高い話を聞き出すことができるかもしれません。

子供の認知能力はいかほどか

また子供の認知能力にも注意が必要です。子供を相手に供述を聞く機会は多々ありましたが、やはりなかなか難しい。

まず、本当に犯人や重要な場面を目撃していたとしても、それを**表現する術《すべ》が乏しい**のです。「どんな人でしたか」「どんな様子でしたか」と聞かれても、どう答えていいかが分からない。大人であれば、「小太りで百七十センチくらいの男性で、メガネをかけていて、携帯電話をかけながらずいぶん急いでいる様子で、北の方へまっすぐ歩いて行った」などと、目立った特徴を告げたり、普通とはちょっと違う言動を伝えたりと、具体的に分かりやすく説明することができますが、子供はそういった能力がまだ低い。聞く側が工夫しながら一つ一つていねいに聞いていく必要があるということです。

また、**非常に誘導されやすいので、供述が不安定でぶれてしまう。**聞き方一つで正反対の答えが返ってきてしまうのです。親の言い分や友だちの言葉を鵜呑《うの》みにしたり、情報の整理能力の未熟さから人から聞いた話と自分の体験も混同しがちです。

「子供は純粋な生き物だから、わざと嘘をついたりしない」というのは大きな誤解です。むしろ純粋であるがゆえに、**理性や道徳心が働かず、大人よりも抵抗感なく、欲望のままに嘘をつく**生き物です。

悪さをして自分が怒られそうになれば「〇〇君がやったんだ」と目の前で堂々と嘘を

つきますし、かまってほしいがために「お兄ちゃんに殴られた」などと全くの嘘をついて母親に甘えたりする。たとえすぐバレる嘘でも子供たちには関係がないのです。

「誘導尋問」のからくり

「誘導尋問」とは、質問者が期待する回答を相手に答えさせる質問形式のことです。**質問者が期待する回答を前提として質問におりまぜ、相手の同意を引き出す**のです。

たとえば、「被疑者と被害者が二人でいるのを見た」という目撃者に、「被疑者は被害者に対して怒っていたように見えたんですよね？」などと尋ねると、たとえ目撃者が被疑者と被害者が一緒にいる様子を一瞬見ただけだとしても、「そう言われればそのように見えたかも」と思い、「はい」と答えてしまう。人は「はい」か「いいえ」で答えを求められると、思わず「はい」と答えてしまう傾向にあります。

以下のようなやり取りも誘導尋問の一つです。

「あなたは、その家のテーブルの上に何か置かれているのに気付きましたか」

「はい、バナナの房が三つくらい置かれていました」

「その黄色いバナナは、誰かのお土産だと思いましたか」

「はい、そう思いました」

「それは証人がその家を去るときに、まだありましたか」

「いいえ、既に無くなっていました」

実はバナナの色は一度も尋ねられていないのに、いつのまにか「黄色いバナナ」だということが前提になって話が進んでいます。これは、「黄色いバナナ」だという証言を取りたい質問者側の誘導尋問なのです。

誘導尋問は、証人の証言を質問者に有利な方向に誘導していく危険があり、真実と異なる証言を引き出す恐れがあるため、日本の裁判では認められていません。検事や弁護士がこのような質問をすれば、互いに「異議あり！」と叫び、質問をやめさせることができるのです（ただし、反対尋問の場合は、なかなか答えが得にくいこともあり、こういった誘導的な手法を使うことが許されています）。

一般社会においても、誘導尋問のようなやり取りが数多くあります。占い師が「あなたは今、何かに悩んでいるように見えますが、悩みはありますか」などと言うのはまさにこの典型例です。

このようなとき、ついつい場の空気に流されて「はい」「確かにそうですね」などと答えてしまいますが、それでは相手の思うつぼです。答えを吐き出す前に、一度呼吸を落ち着かせ、本当に自分がそう思っているのかどうかを自問自答してみましょう。

人は悲しいほど忘れていく生き物

「忘却曲線」をご存知でしょうか。ドイツの心理学者が導いたこの曲線は、時間の経過とともに記憶の「再生率」がどう変化していくかを示しています。

彼は無意味な綴りを記憶し、一定の時間が経過したらそれを思い出すという実験を続けました。その結果、わずか一日の間に人はかなりの記憶を失ってしまい、一週間先、一ヶ月先の記憶とそう大差ないレベルまで落ちてしまうということがわかったのです。

もっとも、インパクトのある非日常的な出来事であれば、時間がたっても記憶に残りやすいという側面はあります。とはいえ、**実際に起きたことを人に尋ねるのには二十四時間以内のほうが正確であること**、逆に**それを過ぎれば一刻を争う必要性はあまりない**

ことを覚えておいて損はないでしょう。

更に一年、二年と時間が経つと、人の記憶はどうなっていくでしょうか。

かつて東京地検特捜部で、何年も前の贈収賄事件の捜査をしていた際、賄賂を授受した日について、当時の関係者があまりにバラバラのことを言うので驚いたことがありました。日や月を間違えたというレベルではなく、事件のあった年すらバラバラだったのです。隠そうという特別な意図があったわけではなく、ただ単純に各人が「記憶違い」をしていたのでした。

実際、事件の発生から何年も経った後に、当時の証人として法廷に呼ばれることも少なくありません。そのため、証人尋問の前に「証人テスト」を行い、取調べのときにどのような供述をしたかを改めて確かめることになっています。しかし自分が話したはずの供述内容を仔細に覚えている人は少なく、ほぼ全て忘れてしまっている人も中にはいる。私はそのたびに記憶の脆さを実感したものです。

脳が勝手に補ってしまう記憶

時間が経つと記憶は薄れてしまいますが、それを無理に思い出そうとすると、**脳内で勝手に記憶を補完する**ようになります。具体的なこと、細かいことを思い出そうとするほど、思い込みやすりかえによって記憶が補強され、忘却による欠落を埋め、内容が変わっていってしまうのです。

特に**「常態性の錯覚」**があります。

事件現場を見た証人が、「現場に赤いリンゴが落ちていた」と証言したとします。しかし実のところ、現場にリンゴがあったことは確かに記憶していたものの、何色だったかは見えていなかった。しかしリンゴは通常赤いものという前提知識がある。そこで、「赤いリンゴを見た」という思い込みが起こり、その記憶が勝手に脳内で作り上げられていったのです。これが「常態性の錯覚」です。

後になってそこにあったのは青りんごだったことが発覚したとしても、「嘘をつきましたね」と証人を非難することはできません。「常態性の錯覚」がもたらした「無自覚の嘘」といえるでしょう。

取調べでもこうしたケースは多々見られました。

たとえば犯人が銀行員と聞けば、スーツにネクタイの姿をイメージするのが普通です。実際の犯人は少しラフな格好をして、少しひげまで生やしていたとしても、「銀行員だった」という記憶のほうが強ければ、そのラフな格好やひげは記憶に定着せず、典型的な銀行員スタイルに置き換えられてしまうという脳内変換が起こる。

つまり、はっきり把握できなかった部分、覚えていない部分などがあっても、人は「一般的なパターン」を勝手に当てはめて記憶し、そしてそれを本当の記憶だと思い込む恐れがあるということなのです。

嘘も繰り返せば「真」に変わる

また、はじめは嘘をついているという自覚があったのに、嘘を繰り返し話していると、だんだんその嘘が真実であるように錯覚してしまうことがあります。

時の経過と共に本来の正しい記憶が薄れていくにつれて、**真実でない「嘘の記憶」がそれに代わって定着化していく**のです。時の経過が長くなればなるほど、あるいは同じ嘘を反復すればするほど、「すりかえ」現象は表れてきます。やがて本当の記憶のように強固なものへと替わっていくのです。

実は「冤罪」問題にも、この現象が関係していると私は考えています。

あまり詳しくは言えないのですが、被告人や支援団体などが「冤罪」だと訴えている事例をつぶさに見ていくと、確かに説得力のあるものも多くありますが、「やはり罪を犯しているのではないか」と思われるものも一定数あります。推察するに、「やっていない」という嘘を繰り返しついていたことで、本人も「自分はやっていない」と信じこむようになっている可能性があるのです。これは検事の中ではよく言われている話です。

自尊心が強く、自分において不利益な事象を決して認めることができない場合も同じようなことが起こります。当初その事象に関わったという記憶があったとしても、そのうち、それが意識的に抹消され、やがてその事象には一切関わらなかったという嘘の記憶で置き換えられていくのです。

いみじくもニーチェはこんなことを言っています。

「『わたしはそれをやった』とわたしの記憶が語る。『そんなことをわたしがしたはずが

ない』とわたしの誇りが語り、譲ろうとしない。ついに――記憶が譲歩する」（『善悪の彼岸』六八、光文社）

【第8章　人は気づかぬうちに嘘をつく】

・一瞬の目撃だけでは、「人の同一性」をほとんど判断できない。
・距離、時間、速度、色彩、日常の記憶も非常に弱い。
・子供は表現する力が弱く、誘導されやすいので、供述の信用性が低い。
・質問者の期待する答えを、質問内容におりまぜてしまうのが「誘導尋問」の手法。
・「忘却曲線」によると、人は二十四時間で急速に物事を忘れていく。
・繰り返し同じ嘘をついていると、真実に代わって嘘の記憶が定着する。

第９章　社会は嘘をどう扱うか

ここまで「嘘とは何か」「嘘を見抜くにはどうしたらいいか」を紹介してきましたが、最終章では**「社会は嘘をどう扱うか」**を考えてみましょう。

一言で嘘といっても、法律で厳しく罰せられる嘘もあれば、法的な処罰はないものの社会的に許されない嘘もあります。逆に昔から社会の中で容認されている嘘もあれば、時代の流れの変化とともに許されなくなった嘘もあります。

このように法律や社会がどのような嘘を罰し、どのような嘘を容認するかを知ることには、トラブルやリスクを回避する意味もあります。それと同時に、社会全体が事実や嘘というものに対してどう考えているかをつかむヒントにもなります。

証明できない嘘は嘘ではない

「嘘はバレなきゃ嘘じゃない」という言葉があります。法律としても**「嘘は証明できなければ嘘ではない」**という考えに立っています。

とはいえ前述のとおり、嘘を証明し、罪に問うのはなかなか難しいことです。まず密室や閉鎖的空間で起こったことは、証人や証拠が乏しいこと、証人もまた、嘘をついている可能性があること、そして物忘れや勘違いなど「無自覚の嘘」があるからです。嘘をついた人間にとっても、「証拠はあるのか」「証人が嘘をついている」「嘘をついたんじゃなくて勘違いだった」などと言って逃げることができます。

そういう意味では、法律が裁くことのできる嘘はごく一部であり、「完全犯罪」はこの世の中に少なからずあります。犯人だと誰からも疑われていない犯罪はもちろん、たとえ警察に疑われても、証拠不十分での不起訴、証明不十分での無罪もまた、完全犯罪の一種と言えるのです。

法律は「防御本能」の嘘を許す

実は、被疑者や被告人が自分のために嘘をついたとしても、罪に問われることはありません。つまり、現行の法律は、被疑者や被告人が嘘をつくことを容認しているのです。たしかに有罪の判決が下った場合は、素直に罪を認めた人に比べ、嘘をついた人は反省の態度が欠けるとされ、量刑が重くなる可能性があります。しかし、あくまで「嘘をついたことそのもの」への処罰ではありません。

無罪と判定された場合、その過程でいくら嘘をついていても、そしてそれが嘘であることが分かっていても、全く罪に問われることはないのです。これまでにも、被告人が不自然極まりない供述を展開したにもかかわらず、「疑わしきは罰せず」の理念から無罪となったケースが山ほどあります。

実は被告人は裁判で「宣誓」をしていないのです。被告人以外の証人は、法廷で証言をする際、「良心に従って真実を述べ、何事も隠さず、偽りを述べないことを誓う」旨が記載された宣誓書を朗読し、その宣誓書に署名押印をしなくてはいけません。もし虚偽の陳述をした場合、「偽証罪」に問われる可能性があるのです。しかし、被告人はこの宣誓をしなくていい。つまり、「虚偽供述罪」などという罪はなく、嘘を述べても罪には一切問われないという訳なのです。

証拠隠滅罪や証拠偽造罪も同じです。犯人が自らの罪を証明する証拠を勝手に処分したり、自分が無罪になるような証拠を捏造《ねつぞう》さえしても、証拠隠滅罪や証拠偽造罪にはならない。なぜならこの罪が対象とするのは、「他人の刑事事件に関する証拠」（刑法百四条）を隠滅・偽造した人間だからです。

また、あまり知られていない話ですが、被疑者が逃亡すること自体は罪にはなりません。逃亡によって量刑が重くなったり、長期逃亡によってずっと警察に身を追われているという負担はあるでしょうが、逃亡自体を咎める法律はないのです。

なぜ法律は被告人や被疑者の逃亡などを許すのか。それは人は誰でも罪を咎められれば、自分を守ろうとし、嘘をついてしまうものだと容認しているからです。前述のとおり「防御の嘘」は本能的なものです。**現行の法制度は、この人間の本能や弱さを容認し、罪に問うことをしない**のです。

同様に、親族による「擁護の嘘」も法律は容認しています。証拠隠滅罪や犯人隠避罪は、犯人の親族は「刑を免除することができる」（刑法百五条）という特例があるのです。

たとえ悪いことだと分かっていても、親族であれば嘘をついてでも守ろうとする。法律はこうした心情にも理解を示しているのです。

「社会秩序を脅かす嘘」には厳しい

一方で、**法律は「社会秩序を脅かす嘘」には厳しい**傾向にあります。

前述のとおり、他人が「偽証」や「証拠隠滅」をした場合は罪に問われるのも、この考え方からです。罪に問われている被告人が自分のために嘘をついてもこの罪に問われませんが、他人が嘘の証言をしたり証拠を隠したりすれば罪に問われるのは、もし嘘の証言や証拠隠滅をした場合、被告人らの生命・自由・財産等に直接影響するからです。つまり「他人や社会に迷惑をかける」という発想から罰せられるのです。

この原則は、生活上のトラブルを争う民事訴訟でも同じです。民事訴訟の法廷というと、原告・被告両者が互いに相手を罵り、言い分が真っ向から食い違うことが散見されますが、ここでも嘘をつくことは許されません。私も検事時代、民事裁判で嘘をついた証人を偽証罪で起訴したことがありますし、その証言をするように仕向けた弁護士も

「偽証教唆罪《きょうさ》」（偽証をそそのかした罪）であわせて起訴したことがあります。

日本企業や団体にも、**「コンプライアンス（法令遵守）」**が徹底され、「公正性」「透明性」「説明責任」「情報公開」「情報管理」の五つの価値観が強く求められるようになりました。

その背景には、企業間の自由競争を促すために、それまでの事前規制や行政指導を極力やめることにし、代わりに不祥事を働いた場合には厳しく責任追及する（事後規制）方針へのシフトチェンジがあったからです。国際社会に通用するよう、ルールは国際基準に合わせて明確で普遍的なものとなり、罰則は以前よりも重くなりました。

脱税、談合、粉飾決算、インサイダー取引、贈収賄、偽装……これらの犯罪は、「嘘」によってコンプライアンスを脅かす犯罪の典型例といえるでしょう。厳しい処罰を受けるのと同時に、世間からも非常に厳しい批判を受け、有名企業ですら経営が傾くほどになってしまう。ライブドアやオリンパスなどの粉飾決算、村上ファンドのインサイダー取引、雪印食品の食肉偽装、防衛省と山田洋行の贈収賄、姉歯建築士などによる耐震偽装事件などは、皆さんの記憶にもまだ新しいことでしょう。

欧米では、この手の犯罪に対し、日本よりもはるかに重い処罰となっています。アメリカではインサイダー取引をした場合、「二十年以下の懲役、もしくは五百万ドル（法人は二千五百万ドル）以下の罰金」かつ「不正利得の約三倍を上限とする追徴金」が科されます。対して日本は、厳罰化の方向に向かっているとはいえ、「五年以下の懲役、もしくは五百万円（法人は五億円）以下の罰金」かつ「不正利得の追徴」にとどまります。

また、粉飾決算の末に倒産したアメリカ通信大手企業、ワールドコムの元最高経営責任者には、禁固八十五年が求刑され禁固二十五年の実刑判決が下りましたが、日本では、ライブドアの堀江貴文元社長の懲役二年六月の判決がかなり長いほうで、多くの事件では執行猶予が認められています。ここには「社会に対する嘘」についての価値観の差が見て取れるといえるでしょう。

企業犯罪に手を染めてしまった経営者たちを数多く見てきた身としては、ただ単純に悪質だとして糾弾しづらい面もあります。というのも、コンプライアンスなどと口で言うのは簡単ですが、実際に、自らの会社が崖っぷちに立たされ、業績悪化や営業停止、操業停止等が免れない状況になると、「悪魔のささやき」に耳を貸してしまうのは、ある程度やむを得ないことだとも思うからです。

事実を隠蔽してでも会社を守ろうという防御本能が働き、わらをもつかむ思いで「嘘」に手を染めてしまう。そういう意味では、企業のこうした「嘘」も、「防御の嘘」と同じ仕組みであると考えられなくもないのです。

野放しにされている嘘の影響

一方で、現行の法律では取り締まることのできない嘘は、社会の中にほったらかしにされ、様々な所で問題を引き起こしています。

科学的な根拠がないのに、「がんに効く」「痩せる」などの効能を謳って医薬品や健康食品などを販売すると、「薬事法」「健康増進法」などに抵触します。かつては取締りが甘く、このような謳い文句が蔓延していました。今でも個人販売の場など取締りの目が届かない所で、「飲むだけでがんが治る水」や「飲むだけで痩せるジュース」などがいくらでも売られています。また、「ダイエットをサポートする」「高カロリーの食事をなかったことに」など、抽象的な表現で規制の網をくぐり抜けるケースも多発しています。また、芸能人や有名人などが「私も使っています」「これで痩せました」などと述べる広告もよく目にするでしょう。厳密には、その人が実際に使用していなかったり、あるいは効能効果を全く実感していない場合、それは嘘になります。

特に最近は、ブログやSNSを通じて、宣伝と気づかせない宣伝「ステルスマーケティング」が流行っています。裏では企業側などから宣伝依頼を受け、報酬を得ているにもかかわらず、個人的・自主的に選び取った製品をおすすめしているように見せかけて宣伝するのです。最近は、実態のないペニーオークションサイトで「商品を買いました」という虚偽のブログを書いた芸能人が、大きな問題になりました。しかし、それを禁じる法律はまだないため、こうした嘘が容認されているのが現実です。

またパソコンやオンラインゲームなどが急成長を遂げて行く中、「無料ゲーム」などと謳っていたのに、途中で料金を請求されたというケースも多々あります。日本の官庁もこの手の広告は景品表示法の「不当表示」にあたるという見解を示していますが、注意喚起や改善命令にとどまり刑事罰に発展するケースは滅多になく、事業者はまた手を変え品を変えて同じようなことをやり続けるのです。

そのため、消費者一人一人の判断に委ねられているのが現状です。

国益のためなら「国家の嘘」は許される

二〇一〇年九月、尖閣諸島付近で中国漁船が日本の巡視船にわざと衝突するという事件が発生しました。中国漁船の船長は公務執行妨害で現行犯逮捕され、その後那覇地方検察庁へ送検されましたが、十日間の勾留（延長）期間を五日も残したまま、地検次席検事が「処分保留のまま釈放する」と突然発表。政府もその判断を容認し、船長は中国に送還される運びとなりました。

このとき、検察は「日本国民への影響や今後の日中関係を考慮した」「官邸などの影響を受けた判断ではなく、あくまで検察独自の判断だ」と強調しました。政府側も「検察が自主的に判断したもの」「捜査への政治介入は一切ない」と主張しました。

しかし、かつて公安部長も務めた私から言わせてもらえば、これは全くの嘘に間違いありません。

わざわざ勾留延長を認めてもらったのに、自白もないまま期限前に釈放するなど前代未聞です。しかも、法と証拠に基づいて判断すべき検察が、「外交上の国益」という観点から判断を下すのも異常なことです。

報道などは、中国側から強硬な報復措置があったために政府が早期の収束を模索したこと、政府が検察に処分保留を命じたこと、検察の独自判断という形にして批判をかわそうとしたことなどを明らかにし、政府や検察の嘘が公然と批判されました。

それでも、政府や検察が罪に問われることはありません。**現行の法律は、重大な国益のためなら「国が嘘をつく」ことを認めているから**です。

刑事訴訟法には「国の重大な利益を害する場合」、国側は証拠物の押収や証言を拒絶できる旨の規定があります（刑事訴訟法第一〇三条）。いくら事件解決や真相究明のためでも、国の重大な利益を害する場合、捜査機関が国の保管する証拠物を押収することや、国側の人間を証人として申請することを拒否できるのです。

極端な話をすれば、「国の重大な利害」という建前があれば、真相を追求せず、闇に葬ることすら許容しているわけです。情報統制をして情報の一部を公表せず、隠蔽することも許容されます。少なくとも現行の法制度上は、そういう解釈が成り立ち得るのです。

なお国が嘘をつくというのは正確ではありません。刑事訴訟法では「国の重大な利益を害する場合」を判断するのは、各監督官庁、衆議院、参議院、内閣とされています。そうした官庁等を現実に動かすのは政治家や官僚。つまり国のためなら政治家や官僚の嘘は時として許されるのです。

政治家が「積極的な嘘」を言うリスク

もちろん、政治家はバカ正直では務まりません。政治や外交にとって、駆け引きや密談、水面下の交渉はつきものです。世間もそういった場での嘘をある程度は容認しているでしょう。

しかし国民に対して、嘘を堂々と公言するかどうかはまた別問題です。

民主党政権下の二〇一二年二月、野田首相と谷垣自民党総裁が都内ホテルで「密談」をしたということが報じられ、ちょっとした騒動になったことがありました。当時は衆院解散の時期をめぐって与野党間の駆け引きがあり、それを話し合うための極秘会談だったようですが、外に漏れてしまったのです。

ところが官房長官は「外向けにも内向けにも（会談の）事実はない」、谷垣総裁も「風説が流布されているが、私と首相が会ったという事実は一切ない」と両者は完全否定しました。

実際のところ、関係者への取材などから、この密談が行われたことはほぼ間違いないとされています。私がここで問いたいのは、両者の発表内容です。

「会ったという事実はない」というのは、**事実を明確に否定する「積極的な嘘」**です。もし会談を行った証拠などが明るみに出て、虚偽を述べたことが発覚すれば、国民からは批判を受け、信用が大きく落ちてしまう恐れがあります。公の場で嘘をつくことはそれほど重大な問題なのです。

そのことを十分に理解している政治家や報道官であれば、こういった立ち入った質問の際にはその真偽に言及せず、基本的に**「ノーコメント」「関知していない」**などという言葉で通すでしょう。たしかに質問にきちんと答えているとは言えませんし、疑惑も完全に晴れない。それでも会見という公式の場で、虚偽を述べることよりはまだよいという判断からです。

国会の証人喚問では、虚偽の証言をした場合、いくら政治家でも偽証罪に問われる可能性があります。ただし、「記憶にございません」と証言した場合、虚偽だと証明するのは現実的にかなり難しいと言えるでしょう。本当に記憶にないのかどうかは本人しか分かりようがないからです。

そのため、「積極的な嘘」を言わず質問を回避する言葉として、多くの政治家が言うようになりました。かつてロッキード事件における国会証人喚問で、小佐野賢治氏をはじめ関係者が「記憶にありません」を繰り返したことがきっかけだと言われています。

一方、政治家の約束や政党のマニフェストが実現できなかったからと言って、法律的な罪に問われるようなことはありません。選挙の時は威勢のいいことを言っていたのに、結局何も実現していないということはまま見受けられます。

そういう意味では、古今東西、「政治家は嘘をつくもの」だというイメージがあるように思います。国益や国家戦略のためなら少しくらいの嘘は構わないと、政治家自身や世間も容認してきたのです。

しかし、世間が「政治家の嘘」に対してどんどん厳しくなっていることもまた事実です。特に鳩山由紀夫元首相が沖縄普天間基地移設問題で「最低でも県外」と言ったり、自らの政界引退について発言を二転三転させたりしたことは、法的な罪に問われないまでも、国民の信頼を大きく損ねてしまいました。嘘によって失うものがどんどん大きくなっているのです。

日本の「恥の文化」と嘘

「嘘つきは泥棒の始まり」「嘘を言えば地獄へ行く」「嘘を言うと閻魔《えんま》様に舌を抜かれる」などの昔からの言葉を聞くと、嘘をつくことは悪いことだという強い非難を感じます。一方で「嘘も方便」、「嘘も追従《ついしょう》も世渡り」「嘘をつかねば仏になれぬ」などの言葉は、世の中である程度嘘が許容されることも表しています。

この曖昧さの所以《ゆえん》は、**「恥をかく嘘」は許されないが、「恥をかかないための嘘」なら良しという考え方**のように思うのです。嘘をついて悪事を働き、人様の迷惑になるのは恥ずかしいことだから許されない。しかし人間関係や世間をうまく回す嘘ならいいということです。

元来、日本社会では、ある行為が許容されるかどうかの判断基準をその行為が恥になるかどうかに求めてきました。日本社会が「恥の文化」と言われていた所以もそれです。個人だけでなく、家族や組織全体としても恥を共有し、それを忌避してきたのです。

そのため、嘘についての考え方は、欧米と日本では違いを見せます。

旧約聖書には「汝、嘘をつくことなかれ」という教えがあります。欧米では、「嘘をついて否認すること」はすべて悪であり、逆に「正直であること」「自白すること」は、神に対しての正しい態度であり、赦《ゆる》しを得ることができるという発想になるそうです。嘘によって利益を得た企業への罰則が日本以上に重いことや、真実を話せば罪が軽くなる「司法取引」が米国で成立した背景には、こういった考え方の違いもあるでしょう。

しかし、日本の嘘をコントロールしてきた「恥」が、最近は働かなくなってきています。

隣近所や地域コミュニティの人間関係が希薄になり、一方でネットなどのコミュニケーションで人がつながるようになった。「個人主義」や「自己責任」という言葉もすっかり定着しています。このような現況の日本社会では「恥」を感じることが難しくなっています。それは同時に「嘘への抵抗感」が薄れていることでもあるのです。

このような「社会の嘘化」を防ぐべく、皆さんが嘘をよりよく理解し、見抜くことが求められています。裁判員裁判なども始まり、より素朴な市民感覚が問われている今、本書がその一助となれば幸いです。

【第9章　社会は嘘をどう扱うか】

・法律的には、「証明できない嘘」を嘘とは認めない。
・被疑者（容疑者）が嘘をついても法的に処罰されないのは、防御本能を認めているから。
・欧米は企業などの「社会秩序を脅かす嘘」に厳しく、日本にもその流れが来ている。
・法律が処罰できない、宣伝やネット内の嘘は野放しにされている。
・重大な国益のためなら「国家の嘘」は許される。
・政治家が公の場で「積極的な嘘」をつくのは危険。
・日本社会では「恥をかく嘘」は許されないが「恥をかかないための嘘」なら良しとされる。

若狭 勝 1956（昭和31）年生まれ。中央大学法学部卒業。検事に任官し、東京地検特捜部副部長、横浜地検刑事部長、東京地検公安部長などを歴任。2009年に退官し弁護士に転身。

Ⓢ新潮新書

519

嘘《うそ》の見抜《みぬ》き方《かた》

著 者 若狭《わかさ》 勝《まさる》

2013年5月20日 発行
2016年11月10日 7刷

発行者 佐藤隆信
発行所 株式会社新潮社
〒162-8711 東京都新宿区矢来町71番地
編集部（03）3266-5430 読者係（03）3266-5111
http://www.shinchosha.co.jp

印刷所 二光印刷株式会社
製本所 株式会社大進堂

ISBN978-4-10-610519-7 C0236

価格はカバーに表示してあります。

Ⓢ新潮新書

681 ヒラリー・クリントン
——その政策・信条・人脈——
春原剛

初の女性大統領は何を目指すのか。側近や閣僚候補はどんな人たちか。「親中・反日」になるとの憶測は本当か——。ヒラリー単独取材の経験もある記者が、「政権の全貌」を徹底予測。

680 〈新版〉総理の値打ち
福田和也

伊藤博文から安倍晋三まで、歴代首相を百点満点で採点した話題の書の最新版。首相になれなかった実力者列伝も併録。明治維新以降の日本近現代史がこれ一冊で丸わかり。

679 鋼のメンタル
百田尚樹

「打たれ強さ」は鍛えられる。バッシングを受けてもへこたれず、我が道を行く「鋼のメンタル」の秘訣とは？　ベストセラー作家が初めて明かす、最強のメンタルコントロール術！

678 ヤクザになる理由
廣末登

グレない人。グレて更生する人。グレ続けてヤクザになる人。分岐点はどこにあるのか。自身、グレていた過去を持つ新進の犯罪社会学者が、元組員らの証言をもとに考察した入魂の書。

677 ゴジラとエヴァンゲリオン
長山靖生

ゴジラはなぜ皇居を迂回したのか？　エヴァは何度世界を破滅させるのか？　作品への深い愛情と膨大な資料から、日本SF大賞受賞者が誕生の秘密や鬼才たちの企みに迫る最高の謎解き。

Ⓢ新潮新書

671
日本的ナルシシズムの罪
堀有伸

670
格差と序列の日本史
山本博文

669
食魔　谷崎潤一郎
坂本葵

668
不適切な日本語
梶原しげる

667
違和感の正体
先崎彰容

個人より集団、論理より情緒、現実より想像……うつ病の急増、ブラック企業や原発事故などあらゆる社会問題に通底する、日本人特有のナルシシズムの構造を明らかにする。

時代とともに姿を変える国家と社会。しかし、古代でも中世でも、その本質はいつも人の「格差」と「序列」にあらわれる。二つのキーワードから、日本史の基本構造を解き明かす。

その食い意地、藝術的なり！　絶品から珍品まで、この世のうまいものを食べ尽くした文豪は、食を通して人間の業を描き切った。文豪の新たな魅力を掘り起こす、かつてない谷崎潤一郎論！

「私たち入籍しました」のどこが間違いか？「元気をもらう」のどこが陳腐か？　喋りのプロが持ち前の粘着質を存分に発揮、笑いと共感と納得に満ちた「日本語偏執帳」。

国会前デモ、絶対平和、反知性主義批判、安心・安全――メディアや知識人が語る「正義」はなぜ浅はかなのか。考えるより先に、騒々しいほど「処方箋を焦る社会」へ、憂国の論考！

Ⓢ新潮新書

661
フジテレビはなぜ凋落したのか
吉野嘉高

視聴率の暴落、開局以来初の営業赤字、世論の反発……かつての〝王者〟に一体何が起きたのか。元プロデューサーが、その原因を徹底分析。巨大メディア企業の栄枯盛衰を描く。

660
日本語通
山口謠司

藤原不比等が〝プディパラ（の）プピチョ〟？漢字は何字覚えればよいか？「ら抜き言葉」の文豪は？……思わず人に伝えたくなるスリリングな薀蓄から、奥深い日本語の世界に誘《いざな》う。

659
いい子に育てると犯罪者になります
岡本茂樹

親の言うことをよく聞く「いい子」は危ない。自分の感情を表に出さず、親の期待する役割を演じ続け、無理を重ねているからだ――。矯正教育の知見で「子育ての常識」をひっくり返す。

658
はじめての親鸞
五木寛之

波瀾万丈の生涯と独特の思想――いったいなぜ、日本人はこれほど魅かれるのか？　半世紀の思索をもとに、その時代、思想と人間像をひもといていく。平易にして味わい深い名講義。

657
情報の強者
伊藤洋一

「情報弱者」はどこで間違うのか？　情報を思い切って捨て、ループを作る思考を持つことこそが、「強者」の条件だ。多方面で発信を続ける著者が、情報氾濫社会の正しい泳ぎ方を示す。